Margot Käßmann

Meine schönsten Weihnachtsgeschichten aus aller Welt

Das Buch

Kerzen, Kälte, Dunkelheit, der Lichterbaum, die Lieder und die geheimnisvollen Vorbereitungen: so ist Weihnachten – bei uns, in Europa und Nordamerika. Aber natürlich wird Weihnachten in Afrika anders gefeiert als in Amerika, in China anders als in Russland oder Südspanien. – „Was sich aber in allen Ländern der Erde beheimatet hat, ist das Bild von der Heiligen Familie: Josef, Maria und das Kind. Diese Familie zeigt sich an jedem Ort der Welt so, wie Eltern mit ihren Neugeborenen eben aussehen. Wir begegnen Maria und Josef als afrikanische Eltern in einer Rundhütte, wie sehen die drei in mexikanischer Tracht oder als indische Darstellung. Maria mit Sari oder Poncho, Jesus als Baby aller Völker dieser Erde, Josef als Mann aller möglichen Kulturen: Diese Geschichte von der jungen Familie, die keinen Platz in der Herberge findet, berührt die Herzen auf der ganzen Welt", schreibt Margot Käßmann. Für diesen Band hat sie ihre schönsten Weihnachtsgeschichten aus aller Welt ausgewählt, und das Buch wird zu einer Weltreise, auf der die erstaunlichsten, anrührendsten, witzigsten und wunderbarsten Dinge passieren.

Die Herausgeberin

Margot Käßmann Dr. theol., Dr. h.c., geb. 1958, Bischöfin der evangelischen Landeskirche von Hannover von 1999–2010, ist die wohl bekannteste Theologin Deutschlands. Davor in der Gemeinde, evangelischen Akademie und beim Evangelischen Kirchentag tätig und Mitglied im internationalen Ökumenischen Rat der Kirchen. Initiatorin der Aktion „Advent ist im Dezember". Zahlreiche Publikationen. Bei Herder: Wie ist es so im Himmel? – Kinder fragen nach Gott und der Welt; Mehr als fromme Wünsche; In der Mitte des Lebens, u.a.

Margot Käßmann

Meine schönsten Weihnachtsgeschichten aus aller Welt

HERDER

FREIBURG · BASEL · WIEN

HERDER spektrum Band 6108

MIX
Papier aus verantwortungsvollen Quellen
FSC® C083411
FSC
www.fsc.org

5. Auflage 2012

www.herder.de

Umschlagkonzeption und -gestaltung:
R·M·E Eschlbeck/Hanel/Gober
Umschlagmotiv: © action press
Herstellung: CPI – Clausen & Bosse, Leck

Printed in Germany

ISBN 978-3-451-06108-0

Inhalt

VORWORT

Weihnachten ist immer noch das liebste Fest der Deutschen. Dazu hat Martin Luther viel beigetragen, ja, er kann als der erste neuzeitliche „Weihnachts-Christ" bezeichnet werden.[1] Für ihn war die Gegenwart des auferstandenen Christus von entscheidender Bedeutung: Gott kommt den Menschen nahe. Und am besten wird das verständlich in der Geschichte von der Geburt des Kindes, die wir an Weihnachten feiern. Die Liebe Gottes zu den Menschen wird in diesem Kind erfahrbar.

So haben sich in Deutschland im Laufe der Jahrhunderte viele Weihnachtsbräuche entwickelt. Das beginnt schon in der Vorbereitung, der Adventszeit, mit den Kalendern, dem Adventskranz, dem Schmücken der Häuser. Und es findet seinen Höhepunkt am Heiligen Abend mit Weihnachtsbaum, Sternen, Stollen und Geschenken.

Als ich vor Jahren in der Adventszeit in Simbabwe war, fiel mir das erste Mal so richtig auf, wie deutsch viele dieser Bräuche sind. Dort gibt es keinen Adventskranz weit und breit und bei feuchter Hitze hat auch kaum jemand Verlangen nach Kerzenglanz. Was sich aber in allen Ländern der Erde beheimatet hat, ist das Bild von der Heiligen Familie: Josef, Maria und das Kind. Diese Familie zeigt sich an jedem Ort der Welt

[1] Peter Zimmerling, Evangelische Spiritualität, Göttingen 2003, S. 54.

so, wie Eltern mit ihrem Neugeborenen eben aussehen. Wir begegnen Maria und Josef als afrikanischen Eltern in einer Rundhütte, wir sehen die drei in mexikanischer Tracht oder als indische Darstellung. Maria mit Sari oder Poncho, Jesus als Baby aller Völker dieser Erde, Josef als männliche Figur der je eigenen Kultur. Das finde ich bewegend: Diese Geschichte von der jungen Familie, die keinen Platz in der Herberge findet, berührt die Herzen auf der ganzen Welt. Und von dieser Geschichte aus lassen sich viele neue Weihnachtsgeschichten erzählen. Stets geht es um Zuwendung Gottes zu den Menschen oder um Wärme, Miteinander, Liebe, die ihren Raum und ihre Zeit finden. Weihnachten beheimatet sich ganz elementar in aller Welt; das fasziniert mich.

Als der Herderverlag mich nun fragte, ob ich einen Band mit Weihnachtsgeschichten herausgeben würde, hatte ich deshalb die Idee, solche Geschichten aus anderen Ländern zusammenzustellen. Aber es zeigte sich, dass dies gar nicht so einfach ist. Wir mussten lange und weit suchen, um überhaupt vierzig Geschichten zu finden. Das finde ich interessant – ist das Erzählen von Weihnachtsgeschichten eine so deutsche Tradition? Oder jedenfalls eine, die vor allem in Nordamerika und Europa gepflegt wird – denn dort wurden wir doch recht bald fündig? Werden Weihnachtsgeschichten in anderen Gebieten der Welt mündlich weiter gegeben? Vielleicht regt dieser Band ja an, Weihnachtsgeschichten aus Afrika, Asien und Lateinamerika zu sammeln! Da wir aus Geschichten der Völker viel über ihren Kontext, ihre Wahrnehmung – und bei Weihnachtsgeschichten natürlich auch über ihren Glauben – lernen, wäre das spannend.

Für den vorliegenden Band habe ich siebzehn Geschichten ausgewählt. Dabei ging es mir zum einen um die literarische Qualität der Erzählungen – nicht alles, was erzählt wird, wird so gut erzählt, dass die Lektüre anrührt und erfreut. Ein weiteres Auswahlkriterium war natürlich die Herkunft der Geschichten – es sollten Stimmen aus den unterschiedlichen Regionen der Erde zu Wort kommen. Und darum finden sich in diesem Band jetzt die spannenden Geburtsgeschichten aus Schweden und von den Kordilleren und die Erzählungen aus Russland, Frankreich und natürlich auch den USA. Die Erinnerungen an Weihnachtsbräuche in Jugoslawien finden Raum – an eine Welt, wie sie heute so nicht mehr existiert. Oder die Erlebnisse aus Ceylon, das wir heute als Sri Lanka kennen. Die Mischung ist so bunt wie die Welt: Lustiges ist ebenso zu finden wie Schwermütiges, kurze Geschichten sind dabei, längere und eine sehr lange.

Nicht immer sind einheimische Autorinnen und Autoren die Verfasserinnen und Verfasser der Geschichten. Das ist auffällig – und zeigt den Blick von außen, die Wahrnehmung der Fremden im Land. Allzu lange wurden Geschichten aus Europa nach Übersee exportiert und damit eine bestimmte Sichtweise auf das Leben. Deshalb ist es so interessant, zu sehen, wie neue Erzählungen entstehen aus dieser einen, ursprünglichen, alten Geschichte: „Es begab sich aber zu der Zeit …"

Wenn wir das im Hinterkopf haben, wird beim Lesen deutlich, wie die Wahrnehmung des Fremden uns anregen kann, anders hinzuschauen, im Fremden das Eigene neu sehen zu lernen und eine Geschichte, die wir schon immer zu kennen meinen, mit anderem Blick zu betrachten. Die Weihnachtserfahrungen Deutscher im Ausland, in China etwa, sind dafür ein Beispiel. Und ganz am Schluss steht eine humorvolle Geschichte von einem, der aus einer anderen Kultur und einer anderen Religion nach Deutschland kommt und Weihnachten mitfeiern möchte.

Bei einem Weihnachtsgottesdienst, den ich vor ein paar Jahren hielt, hörte ich einen Jungen seufzen, als die Kirchenvorsteherin begann, aus der Bibel die Weihnachtserzählung, Lukas, Kapitel zwei, vorzulesen: „O Mann, die Geschichte kenn ich schon!" Ich habe gelacht und ihm gesagt: „Weißt du, du wirst sie jedes Jahr wieder hören am Heiligen Abend in der Kirche. Aber du wirst sie anders hören, weil du dich veränderst." So ist das mit Weihnachten. Jedes Jahr hören wir die Nachricht von Gottes Kommen auf die Erde wieder anders, hören wir sie neu: weil wir uns verändern, unser Leben, weil die Welt anders wird. Und wir nehmen diese Worte mit und bewegen sie in unserem Herzen. Sie klingen auf bei dem, was wir erleben, wenn wir andere Geschichten hören, und sie verknüpfen sich zu einem neuen Erzählfaden. Dass dieser Erzählfaden um die Welt reicht, dass wir diese Geschichte teilen mit Schwestern und Brüdern im Glauben in aller Welt, das ist mir für mein Christsein wichtig.

Ich wünsche Ihnen viel Freude beim Lesen, Lust daran, sich in andere Welten hineinzudenken und zu fühlen und dabei von derselben biblischen Botschaft bewegt zu wissen: Uns ist ein Kind geboren!

Margot Käßmann

Der Weihnachtsmann ist rothaarig

von Louise Boije af Gennäs

Das Ganze begann am späten Nachmittag am Tag vor Heiligabend auf der Post in der Rosenlundsgatan, wo Jocke seine Steuernachzahlung tätigen wollte. Vorher waren er und Mia bei der alten Post in der Hornsgatan gewesen, aber die befand sich gerade im Umbau, und die Schlange reichte bis auf die Straße hinaus. Dann gingen sie in den Supermarkt Vivo, wo man zwar seine Pakete abholen, allerdings keine Steuernachzahlung tätigen konnte. Mit zusammengebissenen Zähnen trabten sie durch den Schneeregen, und als sie wohlbehalten in der Post angekommen waren, zogen sie eine Wartenummer und mussten feststellen, dass noch achtundsechzig Leute vor ihnen dran waren. Mia suchte sich eine bequeme Stellung auf der Holzbank und lehnte ihren Bauch gegen die Armstütze. Schließlich war Jocke an der Reihe. Er zahlte seine 11 967 Kronen ein und kam zu Mia zurück, die schockiert aussah.

„Das eben war der Schleimpfropfen", sagte sie.

„Wo denn?", sagte Jocke und hielt nach dem schmierigen Finanzminister Bosse Ringholm Ausschau.

„Nein, du Dummkopf", sagte Mia. „In der Unterhose! Jetzt geht's los!"

Sie wankte zum Ausgang. Jocke fühlte Spannung und Panik in sich aufsteigen. Er würde Vater werden!

Sie gingen die Rosenlundsgatan entlang bis zur Notaufnahme des Södersjukhuset. Dort wurden sie von einer barschen Blondine mit herabgezogenen Mundwinkeln in Empfang genommen.

„Ich habe kein einziges Bett frei", meinte sie.

„Bitte", sagte Mia. „Es kann jeden Moment losgehen!"

„Diese Erstgebärenden", bemerkte die Blondine. „Nehmen Sie den Bus zur Uniklinik."

Jocke packte Mia fest an der Hand und führte sie nach draußen zur Bushaltestelle. Der Schnee war in Regen übergegangen.

„Jetzt fahren wir zur Uniklinik", sagte Jocke. „Du bekommst ein Zimmer für dich allein, und alles wird gut."

„Und an den Weihnachtsmann glaubst du auch, oder?", fragte Mia.

Der Bus ächzte durch den Berufsverkehr. Jocke brachte einen zerzausten Börsenmaklertyp dazu, aufzustehen, damit Mia sich hinsetzen konnte. Ein jovialer Mann auf der gegenüberliegenden Seite des Gangs rief ihnen auf finnlandschwedisch zu: „Das Kind kommt jeden Moment. Das sieht man an ihren Augen!"

Als er sich vorbeugte, spürte Mia seine Fahne.

„Ich hab vier Stück rausgezogen, zwei eigene und zwei Stiefkinder."

Von der Haltestelle bis zur Uniklinik war es nur ein kurzer Spaziergang. Mia ging langsam.

„Haben Sie starke Schmerzen?“

„Ich will eine PDA.“

„Es tut mir wirklich Leid“, sagte die schicke Brünette im weißen Kittel. „Wir haben wirklich kein einziges Bett frei. Nehmen Sie sich ein Taxi nach Danderyd.“

Mia war blass und ihr Blick abwesend. Jocke ging hinaus und sprach mit dem ersten Taxifahrer in der Reihe, ein Typ mit Kurzhaarschnitt von Taxi Stockholm.

„Nee, nee“, sagte er. „Sind alles Ledersitze, auch hinten. Sportlenkrad und Holzleisten. Ich nehm keine mit, aus der gleich ein Kind rausgeflutscht kommt.“

Auto um Auto die gleiche Antwort.

Mal war es ein Sportchassis, mal Samtplüsch oder erst kürzlich imprägniertes Kunstleder. Ganz am Ende der Reihe stand ein durchgesessener alter Skoda von einem unbekannten Taxiunternehmen mit einem Mann aus Dalarna hinter dem Steuer.

„Ich nehme Sie mit“, sagte er und schmiss seine Kippe aus dem Fenster. „Wenn sie niederkommt, nehme ich das doppelte Trinkgeld.“

Jocke schob Mia ins Auto, und dann rollten sie davon. Der Verkehr in der Innenstadt stand still, und das Taxameter war auf über fünfhundert gekrochen, als sich Danderyd näherte.

„Es tut mir furchtbar Leid“, sagte die graumelierte Dame, die auf Jockes Klingeln antwortete. „Aber wir haben einfach keinen Platz. Nicht mal eine Besenkammer wäre frei.“

„Aber was sollen wir machen?“, schrie Jocke. „Das Kind kann doch jeden Moment kommen!“

Die Graumelierte führte Mia in einen kleinen Untersuchungsraum und kam bald mit ihr zurück. „Der Muttermund ist erst drei Zentimeter offen. Aber ich habe mit der Klinik in Uppsala gesprochen, und die können Sie aufnehmen."

„*Uppsala?*", brüllte Jocke. „Bis dahin sind es *hundert Kilometer,* verdammt noch mal!"

„Sie wissen doch, wie das geregelt ist", sagte die Frau. „Jeder muss zu seinem eigenen Krankenhaus, und Sie gehören einfach nicht zu unserem Bezirk."

Der Taxifahrer, der gerade eine weitere Zigarette ausgetreten hatte, witterte Morgenluft.

„Versuchen Sie es mit mir", sagte er. „Ich habe mehreren Pferden und einer Kuh auf die Welt geholfen."

Mia stöhnte laut.

„Wir fahren nach Hause", flüsterte sie. „Oder gebt mir eine Narkose. Ich pfeife auf das Ganze!"

Jocke starrte sie an. Ihr Bauch bewegte sich in Wellen.

„Okay", sagte er. „Uppsala."

Stau bis zur E4 und dann bis nach Upplands Väsby. An Arlanda vorbei und ab in die Dunkelheit. Weit vor ihnen waren die Türme des Doms zu erahnen. Mia wimmerte in Jockes Schoß, und er spürte, wie sie sich verkrampfte. Das Taxameter bleib bei gut fünfzehnhundert stehen.

„Das wird ein Bub", sagte der Fahrer lächelnd und überreichte ihnen eine elegante handgeschriebene Rechnung. „Sieht man am Bauch."

Vor dem Eingang der Universitätsklinik Uppsala schrie Mia zum ersten Mal, ein verzweifeltes Brüllen, das Jocke verstummen ließ. Dann schnaufte sie weiter, in sich gekehrt und unerreichbar.

„Ein Bett!", rief Jocke und packte die schwarzhaarige Schwesternhelferin mit dem Nasenpiercing. *„Jetzt!"*

„Ich glaub, seit eben gerade ist es voll", sagte sie schleppend. „Da sind echt total viele Leute gekommen, aus Stockholm und so."

„Ein Bett, *jetzt!"*, schrie Jocke, hob sie in die Luft und schüttelte sie, dass ihre Nasenringe nur so klirrten.

Im selben Moment kam eine rothaarige Hebamme im Wintermantel vorbei.

„Die Kammer ganz hinten im Korridor ist frei", sagte sie. „Kommen Sie mit, dann erledigen wir die Aufnahmeformalitäten."

Jocke nahm Mia um die Taille und schleppte sie mit sich durch den Gang.

„Bitte entschuldigen Sie die Unordnung", sagte die Hebamme, als sie in einen kleinen fensterlosen Raum gekommen waren, in dem sich nichts befand außer einer Pritsche, einem Waschbecken aus Edelstahl und den Resten eines alten Weihnachtsstrohbocks in der Ecke.

„Es wird an allen Ecken und Enden gespart."

„Narkose", zischte Mia zwischen dem Keuchen. „Ich will weg hier!"

Die Hebamme sah Mia an. „Aha", sagte sie.

„Das ist unser viertes Krankenhaus", erklärte Jocke.

Die Hebamme maß Mias Blutdruck und holte ein Gerät, mit dem man die Herztöne des Kindes verfolgen kann. Dann zog sie sich sterile Handschuhe über und untersuchte Mia.

„Oh“, sagte sie. „Fünf Zentimeter. Gut gemacht, und das ganz ohne Hilfe.“

Mia antwortete mit einem ausgedehnten Stöhnen, das in einen Schrei überging.

„Und jetzt aufgestanden“, sagte die Hebamme. „Es geht besser im Stehen.“ Dann zog sie ihren Mantel aus. „Ich wollte gerade gehen“, sagte sie. „Aber ich bleibe noch ein bisschen.“

Fasziniert sah Jocke zu, wie die Hebamme Mia zum Tanzen brachte. Sie ergriff ihre Hände über die Pritsche hinweg und forderte sie auf zu schreien, sich in den Schmerz hineinzubegeben und ihn für sich arbeiten zu lassen.

Die Stunden vergingen. Jocke verkroch sich in die Ecke der Kammer zwischen den Resten des Strohbocks. Mias abgewandter Blick war verschwunden und durch eine Urkraft ersetzt, die er noch nie zuvor gesehen hatte.

„Gut, weiter so!“, rief die Hebamme.

„Ich kann nicht mehr!“, brüllte Mia.

„Natürlich können Sie!“, brüllte die Hebamme zurück.

Dann wandte sie sich an Jocke. „Übernehmen Sie mal bitte kurz“, sagte sie.

Mia klammerte sich an sie und hielt sie fest. „Lassen Sie mich nicht allein!“, schrie sie.

„Ich muss meinen Mann anrufen“, sagte die Hebamme, „und ihm sagen, dass ich bei Ihnen bleibe.“

Zwanzig nach sechs am Weihnachtsmorgen lag Mia in Jockes Schoß auf dem Fußboden, und er sah, wie die Hebamme einen kleinen Jungen aus ihrem Körper holte. Er war blau und verschmiert und hatte die Augen zusammengekniffen, er protestierte wie ein Vogeljunges, und Jockes Augen füllten sich mit Tränen. Mia nahm das Kind in Empfang und sah dann die Hebamme an.

„Den Weihnachtsmann gibt es doch“, sagte Mia. „Sie ist rothaarig.“

Ein flandrischer Hirtenhund

von Françoise Sagan

Monsieur Ximenestre hatte große Ähnlichkeit mit einer Zeichnung von Chaval: beleibt, stumpfsinnig im Ausdruck und im Übrigen sympathisch. Doch in diesen ersten Tagen des Monats Dezember trug er eine tiefbekümmerte Miene zur Schau, die in jedem, der ihm begegnete und der ein Herz besaß, das wilde Verlangen erweckte, ihn anzusprechen.

Schuld an diesem Kummer trug das bevorstehende Weihnachtsfest, dem Monsieur Ximenestre, obwohl ein guter Christ, dieses Jahr mit Widerwillen entgegensah, denn er besaß nicht einen Groschen mehr, um Madame Ximenestre, die sehr auf Geschenke aus war, seinen nichtsnutzigen Sohn Charles und seine ausgezeichnete Kalypso tanzende Tochter Augusta zu bescheren. Nicht einen Groschen, genau das war seine Situation. Und von einer Gehaltserhöhung oder Anleihe konnte nicht die Rede sein. Beides war ohne Wissen Madame Ximenestres und der Kinder schon in Anspruch genommen worden, um dem neuen Laster dessen, der ihr Ernährer sein sollte, zu genügen – kurz, um die unselige Leidenschaft des Monsieur Ximenestre zu stillen: das Spiel.

Nicht etwa jenes banale Spiel, bei dem Geld über einen grünen Teppich rieselt, noch jenes, bei dem über einen anderen grünen Teppich Pferde jagen, sondern ein Spiel, das – in Frankreich noch unbekannt – unglücklicherweise in einem Café des Pariser XVII. Bezirks in Mode war, wo Monsieur Ximenestre jeden Abend auf dem Heimweg einen roten Martini trank: das Spiel der kleinen Pfeile, das mit einem Blasrohr und Tausendfrancnoten gespielt wurde. Sämtliche Stammgäste waren vollkommen närrisch damit, bis auf einen, der aufhören musste, weil er an Herzasthma litt. Ein Australier, den niemand in der Gegend kannte, hatte das aufregende Spiel eingeführt. Es hatte sehr bald zur Bildung einer Art von Klub geführt, der in dem rückwärtigen Saal tagte, wo der spielbegeisterte Wirt das kleine Billard geopfert hatte.

Kurz gesagt, obgleich seine ersten Versuche sehr vielversprechend gewesen waren, hatte Monsieur Ximenestre sich hier ruiniert. Was tun? Von wem sollte er noch Geld ausborgen, um die Handtasche, den Roller und den Plattenspieler zu bezahlen, die, wie er aus einigen sehr unzweideutigen Andeutungen bei Tisch wusste, von ihm erwartet wurden? Die Tage vergingen, in aller Augen begann die Vorfreude aufzuleuchten, und vom Himmel fiel munter der Schnee. Monsieur Ximenestre bekam eine gelbe Haut und hoffte krank zu werden. Vergebens.

Am Morgen des 24., als Monsieur Ximenestre das Haus verließ, folgten ihm drei Augenpaare mit beifälligem Blick, denn die tägliche Hausdurchsuchung von Madame Ximenestre hatte noch nicht zur Entdeckung der erwarteten kostbaren Pakete geführt. „Er lässt sich Zeit", dachte sie mit einiger Bitterkeit, aber ohne die geringste Unruhe.

Auf der Straße wickelte sich Monsieur Ximenestre seinen Schal dreimal um den Hals, und diese Geste führte ihm, sekundenlang, einen Ausweg vor Augen, den er glücklicherweise rasch wieder von sich wies. Er ging weiter in seinem schleppenden, gutmütigen Bärentrott und landete auf einer Bank, wo der Schnee ihn schnell in einen Eisberg verwandelte. Der Gedanke an die Pfeife, die Ledermappe und die rote, völlig untragbare Krawatte, die ihn, wie er wusste, zu Hause erwarteten, machte das Maß des Jammers voll.

Ein paar beschwingte Fußgänger, blaurot vor Kälte und um jeden Finger Bindfäden von Paketen geschlungen, kurz Familienväter, die dieses Namens würdig waren, gingen an ihm vorüber. Eine Limousine blieb zwei Schritte von Monsieur Ximenestre entfernt stehen; ein Traumwesen mit zwei kleinen Spitzen an der Leine stieg aus. Monsieur Ximenestre, sonst gewiss kein Verächter des schönen Geschlechts, betrachtete die Dame ohne das geringste Interesse. Dann irrte sein Blick über die Hunde, und ein lebhaftes Leuchten trat plötzlich in seine Augen. Er befreite sich von dem Schneeberg, der sich auf seinen Knien gesammelt hatte, und mit einem Ausruf, den der Schnee, der ihm vom Hut in Hals und Augen stürzte, halb erstickte, richtete er sich behende auf.

„Zum Pfandstall", rief er aus.

Der Pfandstall war ein ziemlich trostloser Ort voll trauriger oder aufgeregter Hunde, die Monsieur Ximenestre ein wenig erschreckten. Seine Wahl fiel schließlich auf ein Tier von recht undefinierbarer Rasse und Farbe, das aber, wie man sagt, gute Augen hatte. Und Monsieur Ximenestre nahm an, dass unendlich gütige Augen notwendig wären, um eine Tasche, einen Plattenspieler und einen Roller zu ersetzen. Er taufte seine Errungenschaft sofort auf den Namen Médor, befestigte sie an einem Strick und betrat die Straße.

Médors Freude verschaffte sich umgehend in einer wilden Raserei Ausdruck und übertrug sich sehr gegen seinen Willen auf Monsieur Ximenestre, den so viel tierische Lebenskraft einfach überrumpelte. Er wurde ein paar hundert Meter weit in starkem Trab mit fortgezogen (die Bezeichnung „galoppieren" konnte man schon seit langer Zeit nicht mehr auf Monsieur Ximenestre anwenden) und landete schließlich bei einem Passanten, der etwas über „diese abscheulichen Viecher" vor sich hin brummte. Wie ein Wasserskifahrer überlegte Monsieur Ximenestre, ob er nicht lieber den Strick loslassen und nach Hause gehen sollte. Aber Médor sprang bellend und begeistert an ihm hoch, sein gelbliches schmutziges Fell war voll von Schnee, und einen Augenblick lang dachte Monsieur Ximenestre, dass ihn schon lange Zeit niemand mehr so angeblickt hatte. Sein Herz schmolz. Er senkte seine blauen Augen in die kastanienbraunen Médors, und sie erlebten einen Augenblick unaussprechlicher Süße.

Médor kam als erster wieder zu sich. Er setzte sich wieder in Bewegung, und das Rennen nahm seinen Fortgang. Monsieur Ximenestre dachte vage an den blutarmen Dackel, den er neben Médor gesehen, aber überhaupt nicht beachtet hatte, da er der Ansicht war, dass ein Hund kräftig sein musste. Im Moment flog er buchstäblich seinem Haus entgegen. Sie machten nur eine Minute bei einem Café halt, wo Monsieur Ximenestre drei Glas Grog und Médor drei Stück Zucker zu sich nahmen. Letztere waren eine Spende der mitfühlenden Wirtin: „Und bei dem Wetter, das arme Vieh, nicht einmal einen kleinen Mantel hat es!“ Monsieur Ximenestre, am Ende seiner Kräfte, antwortete nicht.

Der Zucker wirkte belebend auf Médor, doch was an der Tür der Ximenestres läutete, war nur noch ein Gespenst. Madame Ximenestre öffnete, Médor stürzte vor und Monsieur Ximenestre, schluchzend vor Erschöpfung, fiel in die Arme seiner Frau.

„Aber, was ist denn das?“ Wie ein Schrei quoll es aus Madame Ximenestres Brust.

„Das ist Médor“, sagte Monsieur Ximenestre, und in einer letzten verzweifelten Anstrengung fügte er hinzu: „Frohe Weihnachten, meine Liebe, frohe Weihnachten.“

„Frohe Weihnachten? Frohe Weihnachten?“ kam es halb erstickt von Madame Ximenestre, „Was willst du damit sagen?“

„Wir haben doch heute den 24.? Nicht wahr?“, rief Monsieur Ximenestre, der in der Wärme der Geborgenheit wieder zu sich kam. „Und zu Weihnachten schenke ich dir, schenke ich euch“, verbesserte er sich, denn seine Kinder kamen mit weitaufgerissenen Augen aus der Küche, „schenke ich euch Médor. Hier!“

Und mit entschlossenem Schritt begab er sich in sein Zimmer. Doch dort sank er sogleich aufs Bett und ergriff seine Pfeife, eine Pfeife aus den Kriegsjahren 1914–1918, von der er zu sagen pflegte, „die hat schon allerhand erlebt“. Mit zitternden Händen stopfte er sie, zündete sie an, steckte seine Beine unter die Steppdecke und erwartete den Angriff.

Und kurz darauf trat auch sehr bleich – furchterregend bleich, dachte Monsieur Ximenestre bei sich – Madame Ximenestre in sein Zimmer. Monsieur Ximenestres erster Reflex war der eines Soldaten im Schützengraben: Er versuchte sich völlig unter seiner Steppdecke zu verkriechen. Es war nichts mehr von ihm zu sehen als eine seiner spärlichen Haarlocken und der Rauch seiner Pfeife. Aber das genügte dem Zorne von Madame Ximenestre: „Kannst du mir sagen, was das für ein Hund ist?"

„Eine Art flandrischer Hirtenhund?" Madame Ximenestres Stimme wurde noch einen Ton schriller. „Und weißt du, was dein Sohn zu Weihnachten erwartet? Und deine Tochter? Ich, ich zähle nicht, das weiß ich ... Aber sie! Und du bringst ihnen dieses abscheuliche Tier mit!"

Médor kam gerade rechtzeitig herein. Er sprang auf Monsieur Ximenestres Bett, legte sich neben ihn und bettete sein Haupt auf dem seines Herrn. Tränen der Zärtlichkeit, die glücklicherweise unter der Steppdecke verborgen blieben, traten seinem Freund in die Augen.

„Das ist zuviel", sagte Madame Ximenestre, „wahrscheinlich weißt du nicht einmal, ob der Hund tollwütig ist!"

„In welchem Falle ihr zu zweit wäret", erwiderte Monsieur Ximenestre kalt. Diese abscheuliche Antwort bewirkte Madame Ximenestres Abgang. Médor schleckte seinen Herrn ab und schlief ein. Um Mitternacht brachen Monsieur Ximenestres Ehefrau und Kinder ohne ihm ein Wort zu sagen, zur Mitternachtsmesse auf. Ein leichtes Unbehagen überkam ihn, und um dreiviertel eins beschloss er, Médor für fünf Minuten hinauszuführen. Er band sein dickes Halstuch um und wandte sich mit langsamen Schritten der Kirche zu; Médor schnüffelte an jeder Haustür.

Die Kirche war überfüllt, Monsieur Ximenestre versuchte die Tür aufzudrücken – vergeblich. So blieb er denn, das Halstuch bis unter die Augen hinaufgeschoben, vor dem Kirchentor im Schnee stehen, und aus dem Inneren klangen die Gesänge der guten Christen an sein Ohr. Médor zerrte derart an seinem Strick, dass sich Monsieur Ximenestre schließlich niedersetzte und den Strick an seinem Fuß befestigte. Kälte und Aufregung hatten den ohnedies nicht sehr beweglichen Geist Monsieur Ximenestres nach und nach erstarren lassen, so dass er nicht mehr wusste, was er tat. Außerdem wurde er von der Flut der ausgehungerten Gläubigen überrascht, die sich sehr überstürzt aus der Kirche ergoss. Er hatte nicht mehr die Zeit aufzustehen und den Strick zu lösen – schon hörte man eine junge Stimme ausrufen: „Oh, der hübsche Hund! Oh, der arme Mann! … Warte, Jean Claude."

Und ein Hundertfrancstück fiel auf die Knie des halbbetäubten Monsieur Ximenestre. Stammelnd stand er auf, und der mit Jean Claude Bezeichnete gab ihm, gerührt, noch ein Geldstück und den Rat, angenehme Weihnachten zu verbringen. „Aber", stammelte Monsieur Ximenestre, „aber, ich bitte Sie …"

Jeder weiß, wie ungeheuer ansteckend Wohltätigkeit sein kann. Alle, oder fast alle Gläubigen, die durch das rechte Kirchenschiff herauskamen, entrichteten Monsieur

Ximenestre und Médor ihren Obolus. Halb betäubt und ganz mit Schnee bedeckt, versuchte Monsieur Ximenestre vergebens, sie davon abzuhalten.

Madame Ximenestre und ihre Kinder hatten die Kirche durch das linke Schiff verlassen und waren nach Hause gegangen. Bald darauf kam Monsieur Ximenestre, entschuldigte sich für seinen Scherz vom Nachmittag und gab jedem von ihnen die entsprechende Summe für sein Geschenk. Das Weihnachtsessen verlief sehr vergnügt. Dann legte sich Monsieur Ximenestre neben Médor, der mit Truthahn vollgestopft war, zu Bett, und sie schliefen beide den Schlaf der Gerechten.

Weihnachten in Neapel

von Luciano De Crescenzo

„Apropos Weihnachten, ich und der Baron haben wie jedes Jahr angefangen, die Krippe aufzubauen, und wir haben zwei Tage gebraucht, um alle Schachteln mit den Hirten aufzumachen, sie abzustauben und abgebrochene Arme und Beine mit Fischleim anzukleben."

„Die Krippe ist für uns Neapolitaner etwas wirklich Wichtiges", sagte der Professor. „Und Sie", wendete er sich an mich, „entschuldigen Sie die Frage, aber ist Ihnen die Krippe lieber oder der Weihnachtsbaum?"

„Natürlich die Krippe."

„Das freut mich sehr für Sie", sagte der Professor und drückte mir die Hand. „Sehen Sie, die Menschheit lässt sich in Krippenliebhaber und Baumliebhaber einteilen, und das ist eine Folge der Unterteilung der Welt in eine Welt der Liebe und eine Welt der Freiheit, aber um das zu erklären, müsste ich weiter ausholen, lassen wir das für ein andermal. Heute möchte ich lieber etwas über die Krippe und die Krippenliebhaber sagen."

„O ja, erzählen Sie von der Krippe, Professore", sagte Salvatore, „hier sind Ihre Kinder und hören Ihnen zu!"

„Also die Einteilung in Krippenliebhaber und Baumliebhaber ist, wie ich schon sagte, so entscheidend, dass sie meiner Meinung nach so wie Geschlecht und Blutgruppe in die Personalausweise eingetragen werden müsste. Na ja, sonst entdeckt doch so ein armer Teufel vielleicht erst nach seiner Heirat, dass er sich mit einem Christenmenschen zusammengetan hat, der ganz andere Weihnachtsgewohnheiten hat. Das klingt jetzt vielleicht übertrieben, aber es ist etwas Wahres dran: Der Baumliebhaber hat in seinem Leben eine ganz andere Wertskala als der Krippenliebhaber. Für den ersteren sind vor allem die Form, das Geld und die Macht entscheidend; für den letzteren dagegen die Liebe und die Poesie."

„Wir alle hier in diesem Haus sind Krippenliebhaber, nicht wahr, Professore?", sagte Saverio.

„Nein, nicht alle. Meine Frau und meine Tochter zum Beispiel sind, wie fast alle Frauen, Baumliebhaberinnen."

„Meiner Assuntia gefällt auch der Weihnachtsbaum mehr", sagte Saverio halblaut.

„Die beiden Gruppen können sich nicht verstehen. Wenn der eine etwas sagt, weiß der andere nicht, was er meint. Die Ehefrau sieht, dass ihr Mann die Krippe aufbaut und sagt: ‚Warum kaufst du nicht, statt hier das ganze Haus mit deinem Fischleim zu verpesten, die Krippe fix und fertig im Kaufhaus UPIM?' Der Mann antwortet nicht. Denn bei UPIM kann man vielleicht den Weihnachtsbaum kaufen, der erst dann schön wird, wenn er geschmückt ist und man die Lichter anzünden kann, bei der Krippe aber ist es anders, die Krippe ist schön, während man sie macht oder sogar während man an sie denkt: ‚Jetzt kommt Weihnachten, also bauen wir die Krippe auf.' Diejenigen, denen der Weihnachtsbaum gefällt, sind einfach Konsumliebhaber, der Krippenfreund dagegen ist, egal ob er Geschick hat oder nicht, kreativ tätig, und sein Evangelium heißt *Natale in casa Cupiello* (Stück von Eduardo De Filippo, in dem es um eine Weihnachtskrippe geht)."

„Das habe ich gesehen, Professore, und ich erinnere mich, wie Eduardo sagte: ‚Die Krippe habe ich ganz allein gemacht und im Kampf gegen die ganze Familie.'"

„Die Hirten", fuhr Bellavista fort, „müssen diese handgemachten, ein wenig hässlichen, aus Gips sein und vor allem aus dem Herzen Neapels stammen, aus San Gregorio Armeno, und nicht aus Plastik, wie man sie bei UPIM bekommt und die alle so unecht wirken; die Hirten müssen die aus den früheren Jahren sein, und es macht nichts, wenn sie alle ein bisschen zerbrochen sind, entscheidend ist, dass der Familienvater sie alle mit Namen kennt und zu jedem Hirten eine schöne Geschichte erzählen kann: ‚Dies hier ist Benito, der keine Lust hatte zu arbeiten und immer schlief, dies ist der Vater von Benito, der seine Schafe auf den Bergen weidete, und dies ist der Hirt, der das Wunder erlebte.' Und so der Reihe nach, wie sie aus der Schachtel kommen, werden die Hirten vorgestellt. Der Vater stellt sie den kleinen Kindern vor, die sie auf diese Weise jedes Jahr an Weihnachten wiedererkennen und sie lieb haben wie Familienangehörige. Das sind Leute aus dem wirklichen Leben, auch wenn sie historisch gar nicht stimmen, wie der Mönch oder der Jäger mit dem Gewehr."

„Dann gibt es da ja auch noch den Koch, den Tisch mit den zwei sitzenden Paaren, den Melonenverkäufer, den Gemüsemann, den Kastanienverkäufer, den Weinhändler, den Fleischer."

„Na ja", sagte Salvatore, „auch damals mussten die Leute eben schon bis tief in die Nacht schuften, um durchzukommen."

„Außerdem ist da auch noch die Wäscherin", fuhr Saverio fort, „der Hirt, der die Hühner trägt, der Fischer, der in ganz richtigem Wasser fischt, das aus der Wanne hinter der Krippe kommt."

„Mein Papa", sagte Luigino, „schaffte es immer, ein bisschen angeknackste Figuren so hinzustellen, dass kein Mensch merkt, dass ihnen ein Arm oder ein Bein fehlte; er sagte zu mir: ‚Luigino, jetzt findet dein Papa ein Plätzchen für diesen armen kleine Hirten, der einen Schenkel verloren hat' und stellte ihn hinter einer Hecke oder einem Mäuerchen auf, und dann erinnere ich mich auch, dass wir einen Hirten hatten, der jedes Jahr irgendein Stückchen verlor, so dass am Schluss nur noch der Kopf da war, und den stellte mein Papa dann in das Fensterchen eines Hauses. Die Häuschen machte mein Papa immer aus Arzneischachteln und beleuchtete sie von innen, und das ganze Jahr über, wenn ich irgendeine Medizin nehmen musste, zum Beispiel einen Hustensaft, den ich nicht mochte, nahm er die Schachtel und sagte: ‚Luigino, diese Schachtel bewahren wir auf bis Weihnachten, dann machen wir ein schönes Häuschen für die Krippe daraus, aber zuerst musst du jetzt ganz lieb deine Arznei nehmen, die da drin ist, denn wie soll Papa sonst das Häuschen machen?'"

„Und wenn dann Mitternacht kam", fuhr Salvatore fort, „machten wir eine Prozession durchs ganze Haus und sangen *Tu scendi dalle stelle* (‚Du steigst herab von den Sternen'). Der Kleinste der Familie vorneweg mit dem Jesuskind und die anderen alle hinterher mit einer brennenden Kerze in der Hand."

„Krippe! Geruch nach Fischleim, Korken für die Berge, Mehl für den Schnee …"

Der Kleinstadt-Grosskritiker

von David Sedaris

Nachwuchs spielt sich einen Wolf: 7 Geißlein tot!

Die Vorweihnachtszeit kündigt sich durch drei Dinge an: schlechte Filme, unverzeihliches Fernsehprogramm und noch schlechteres Theater. Ich spreche von knochenbrechend schlechtem Theater, die Sorte, die unsere altehrwürdigen Altvordern vor der Erfindung der Folterbank verwendeten, um ihre Feinde zu unterdrücken. Wir sprechen von Foltermethoden, die sich mit der Wiederaufnahme von *Wenn mein Schlafzimmer sprechen könnte* am Scottsfield Dinner Theatre 1994 messen können, einer Aufführung, die gegen jeden Artikel des Menschenrechtskatalogs verstieß. Denjenigen unter Ihnen, die eine schöne Garnitur Daumenschrauben zu schätzen wissen, sei jedes einzelne der peinigenden Krippen-, Weihe- und Singspiele empfohlen, die gegenwärtig innerhalb unserer Grund- und Mittelschulen die Menschen scharenweise um Erbarmen winseln lassen. Man wird mich zweifellos dafür ins Gebet nehmen, dass ich die Arbeit von Kindern kritisiere, aber, wie Ihnen jeder Pathologe gern bestätigen wird, ist es am aussichtsreichsten, einen Krebs im frühestmöglichen Stadium zu behandeln.

Wenn man zufällig größer war als 1,20 m, begann die Qual, die einen in der Grundschule vom Hl. Herzen Jesu erwartete, bereits beim Platz nehmen, bestand die Bestuhlung doch aus gemeinen kleinen Schemeln, die man in ein „Theater" gepfercht hatte, welches von hartnäckigem Lasagne-Gestank durchweht wurde, so stark, wie er sonst nur in der Industrie Verwendung findet. Ich frage nicht, warum man sich dazu entschlossen hat, einen schlecht getarnten Speisesaal als Aufführungsort zu wählen, ich frage, warum man sich zu dieser Aufführung entschlossen hat. „Die Geschichte der ersten Weihnacht" ist eine überschätzte Klapperkiste von einem Weihnachtsmärchen, die man lieber denen überlässt, die ein Mittel gegen ihre chronische Schlaflosigkeit suchen. Obwohl im Programm kein Regisseur genannt wird, verriet die apathische Inszenierung die lahme, partiell paralysierte Hand von Schwester Mary Elizabeth Bronson, die bereits nach ihrem letzten desaströsen Erntedank-Programm exkommuniziert gehört hätte. Auch hier wussten wieder die Schauspieler, sämtlich Erst- bis Drittklässler, durch eine Begeisterung zu verzaubern, wie man sie bei den meisten Kindern eher anlässlich einer Windpockenschutzimpfung vermuten würde. Sie waren jedoch kaum für ihre mangelnde Vitalität verantwortlich zu machen, besteht der popelige, uninspirierte Text doch nicht etwa aus federndem Dialog, sondern vielmehr aus einer stumpfen Abfolge von Ansagen.

Maria (zu Josef): Ich bin müde.
Josef (zu Maria): Hier werden wir über Nacht ausruhen.

Da ist kein Feuer, kein Geben und Nehmen, und das Publikum wird dieser leidenschaftslosen Beziehung bald überdrüssig.

In der Rolle der Maria gelingt es der sechs Jahre alten Shannon Burke nur knapp, sich als Jungfrau auszugeben. Ihre klebrig-süße, geziert-auftrumpfende Bühnenpräsenz schien sich auf nichts zu gründen als auf ihre ärgerliche Vorliebe dafür, das Röckchen sowie, ganz selten, die Lider zu heben. Als Josef musste Zweitklässler Douglas Trazzare ständig dazu angehalten werden, sich, obwohl der Mann, den er verkörperte, die Muttergottes, technisch gesehen, nicht geschwängert hatte, so zu benehmen, als wäre er immerhin zu so etwas fähig. Das brisante Gemenge wurde durch eine Handvoll unaufmerksamer Schäfer und ein Trio siebenjähriger Geschenkeüberbringer komplettiert, welches immerhin wirkte, als könnten die Three Stooges noch was von ihnen lernen. Was nun die Beleuchtung betraf, so hatte sich die Grundschule vom Hl. Herzen Jesu voll und ganz auf die Glühbirnen verlassen, welche von den widerwärtigen Bühnenmüttern und -vätern an- und ausgeknipst wurden, welche jenen Zombies, die dort über das Linoleum des Speisesaals taumelten, das Leben geschenkt hatten. Unter gewissen Umständen ist elterlicher Stolz verzeihlich, er gehört aber nicht ins Theater, weil er dort dazu führen kann, dass ein Kind an ein Talent glaubt, welches in den meisten Fällen schlicht nicht existiert. Damit eine Schüleraufführung funktioniert, muss sie jeden ansprechen, egal, in welchem verwandtschaftlichen Verhältnis zu den Akteuren auf der Bühne man sich befindet. Diese Inszenierung fand mich an der Seite des gähnenden Küchenpersonals.

Indem er auf die überdimensionierte Kiste deutete, die als Krippe diente, sagte ein ganz besonders ungenügender Heiligerdreikönig: „Uns ist ein Kindlein gebohrt."

Ich mir auch. Vor Langeweile in der Nase.

Nachdem Charles St. Claire (10) letztes Jahr als Dramatiker mit „Leise rieselt der Schnee" zu den schönsten Hoffnungen berechtigt hatte, wollte er dieses Jahr zur Vorweihnachtszeit erneut den Thespiskarren besteigen, der aber war abgefahren, und so musste er sich mit einer alten Nuckelpinne namens „Das Geschenk des Rentiers" begnügen, welches zur Zeit in der Scottsfield-Grundschule gegeben wird. Der Sentimentalität der Geschichte kommt nur noch ihre Berechenbarkeit gleich, und die Dialoge füllen den Saal wie Monate alte Steaks einen Gefrierwaggon, dessen Kühlaggregat ausgefallen ist. Die Handlung, wenn ich dies Wort so locker verwenden darf, involviert einen Jungen namens Jeremy (Billy Squires), der beim Familienkamin auf raten-Sie-mal-auf-wen! wartet. Als der Weihnachtsmann irgendwann erscheint, mampft er ein paar Kekse weg und beschenkt unseren Helden mit einem Stapel High-Tech-Kostbarkeiten. Aber Jeremy will keinen Schnickschnack, Jeremy will ein Rentier. Dergestalt unter Druck gesetzt, willigt der Weihnachtsmann ein, sein altes Schlachtross Blitzen (von einer tapsigen, ungehorsamen Dänischen Dogge dargestellt, die das Programmheft als „Marmaduke II" aufführt) dazulassen. Allein mit seinem ungebärdigen Schützling, kämpft Jeremy mit seinem erbsengroßen Gewissen, und ihm wird schließlich klar, dass „es vielleicht falsch ist, ein Rentier in die Abstellkammer über dem Hobbyraum meines Stiefvaters zu sperren". Es folgt ein tränenreicher Abschied, der etwa so lange dauert, wie eine riesige Redwood-Eiche von der Aussaat bis zur vollen Reife braucht. Als der Junge das Rentier endlich wieder beim Weihnachtsmann abliefert, ist es uns längst wurscht, ob das Tier lebt oder stirbt. Ich war nur froh, dass es von der Bühne gedrängt wurde, bevor sein Verdauungssystem die achtzehn Pfund Popcorn, derer es bedurft hatte, das Riesenvieh davon abzuhalten, von der Bühne abzuwandern, bevor sein Stichwort gefallen war, verarbeitet und ausgeschieden hatte. Selbst auf die Gefahr hin, einigen unserer saumseligeren Bühnenfreunde die Spannung zu verderben, lassen Sie mich noch enthüllen, dass es sich bei diesem ganzen Zusammentreffen mit Weihnachtsmann und Rentier natürlich um nichts als einen Traum handelte. Unser Held erwacht in voller Weihnachtslaune, hat eine Lektion gelernt und bla und bla und bla.

Der einzige Lichtblick des gesamten Abends war die Anwesenheit von Kevin „Pummel" Matchwell, dem elfjährigen Schweinchen Schlau, welches die Rolle des Weihnachtsmanns mit betörender Authentizität anging. Zwar dämpfte der Umhängebart seine Rede oft bis zur Unverständlichkeit, dafür waren aber seine aneinanderscheuernden Oberschenkelinnenseiten bis zum Nordpol zu hören. Immerhin schien mir diese überladene Inszenierung ein getreues Abbild des für die Jahreszeit typischen Festessens zu sein, lehrte sie uns doch, dass auch die Weihnachtsgans das Fest nicht retten kann, wenn sie zu üppig gefüllt ist.

Wieder einmal haben die Sadisten von der Jane-Snow-Hermandez-Mittelschule zu den glühenden Schüreisen gegriffen, um *Ein Weihnachtsmärchen* in irgendeine Form zu zwingen. Ich hätte vielleicht über die zutiefst schäbige Inszenierung und das bleierne Tempo hinweggesehen, aber wir sprechen hier von Sechstklässlern, und die sollten es besser wissen. Es hat wirklich nicht den geringsten Sinn, diesen Dickens-Stinker auf die Bühne zu bringen, es sei denn, man blickte hinter die Billigstmoral der Vorlage und machte sich an das wenige historische Fleisch, das sie möglicherweise noch zu bieten hat. Der Witz ist, das matschige Kernstück herauszulösen, aber hier wird es als Hauptgericht serviert, das angegangene Dessert. Am meisten Schuld trifft die Regisseurin, Becky Michaels (11), die die Geheimnisse ihrer Spielleitung den hiesigen Schülerlotsen abgeschaut zu haben scheint. Sie neigt dazu, ihre Schauspieler zusammenzuklumpen, und schickt sie nur in Gruppen von mindestens fünf Personen über die Bühne. Als aufrechte Verfechterin einer trendgerechten polyethnischen Besetzungspolitik setzt Michaels uns einen schwarzen Tiny Tim vor, bei dem das Publikum sich fragt: „Wer soll das Kind denn wohl adoptieren?“ Dies ist ein Schritt in die falsche Richtung, verbohrt und sinnlos. Die Rolle wurde vom jungen Lamar Williams gespielt, dem es, wenn schon sonst nichts, gelang, ein anständiges Hinken durchzuhalten. Das Programmheft vermerkt, er habe vor kurzem seinen rechten Fuß an den Diabetes verloren, aber war das wirklich Grund genug, ihn einzusetzen? Als Tiny Tim fischt der Junge mit dem Schleppnetz nach Mitleid und versucht sogar dem hellerleuchteten

Schild mit der Aufschrift *Ausgang* die Schau zu stehlen. Bob Cratchit, der hier von – keine Namenswitze! – Benjamin Banal gespielt wird, scheint seinen Cockney-Akzent von alten „Hee-Haw"-Videos zu haben, und Hershel Fleishmans Scrooge war fast so lahm wie Tiny Tim.

Das Bühnenbild war nicht ohne Charme, aber Jodi Lennons entsetzliche Kostüme markieren hoffentlich Krönung und Endpunkt einer kurzen und nichtssagenden Karriere. Ich ersticke fast am Geruch lederfarben eingesprühter Turnschuhe, und wenn ich nur noch einen einzigen Zylinder sehe, der aus einer großen Haferflockenbüchse hergestellt wurde, schieße ich, ich schwör's, wild um mich.

Das Problem bei all diesen Vorführungen rührt wahrscheinlich daher, dass sie so irrwitzig gefallsüchtig daherkommen. Mit einem Lächeln, so stramm gedehnt wie ein Bungee-Seil, hüpften und tollten diese hoffnungslosen Amateure auf unseren Bühnen herum, versteckten sich hinter ihrer Jugend und bettelten um, ja, forderten Verzeihung für ihre ungeheuerlichen Fehler. Die englische Sprache wurde zur Paste zerkaut; Gelegenheiten kamen, wurden nicht ergriffen und gingen wieder; die Szenenwechsel waren so langsam, als stäken die Bühnenarbeiter in Ganzkörpergips. Zwar wurde das alles als Festtagsunterhaltung ausgegeben, aber keine einzige dieser Produktionen schaffte es auch nur entfernt, den Geist der Weihnacht zu verströmen. Diese funkelnde Ironie schien den Scharen von Eintrittskartenbesitzern zu entgehen, welche die ungaren Truthähne bis auf die Knochen verschlangen. Hier war ein Publikum, das bei jedem technischen Versagen kicherte und wie von Sinnen applaudierte, sobald eine neue Person die Bühne betrat. Sobald ein Vorhang fiel, sprang es zu einer stehenden Ovation nach der anderen auf, während ich auf meinem Puppenstühlchen verkeilt blieb und mich fragte: „Liegt das nur an denen, oder entgeht mir was?"

Weihnachtslied aus Afrika

Der du geboren wurdest
zu Bethlehem im Lande Juda
und dann zu uns kamst
nach Afrika
ins Land Ägypten –

Der du deinen Samen ausgestreut hast
über hartes und über fruchtbares Land
und dann deine Körner warfst
bis in unsere Hütten
und in unser Herz –

Der du alle Menschen liebst
und doch vor vielen anderen
einen mit schwarzem Gesicht
zu dir riefst
durch deinen Stern –

Der du von allen verstoßen warst
und dann auf dem letzten Weg
noch den Dienst
eines Afrikaners annahmst
des Mannes aus Zyrene –

Der du auf diesem Weg
alles Elend durchmessen
alle Krankheiten getragen
und auch das Sterben Afrikas
durchlitten und überwunden hast –

Und der du nun rufst:
„Kommt her zu mir!
ich mache euch neu!“
Sieh uns!
Da sind wir!

Eine Weihnacht auf Ceylon

von Guido Gozzano

*Adam's Peak. Ceylon. 25. Dezember ****

Wachwerden trägt Pein in dieser Weltgegend!

Die warme Gewächshausluft hat das Bewusstsein abgestumpft, mühselig belebt es sich wie eine Bühne, die – da, dort, hier – sprungweise und unerwartet hell wird; man könnte meinen, es habe den Körper im Schlaf sich selbst überlassen, sei in das ferne Land seiner Sehnsucht davongeflogen und müsse nun in wenigen Sekunden die grässliche Entfernung überwinden, den Rückweg von einem Gehirnlappen zum nächsten erst wiederfinden; der Verstand hingegen schaut dieser Qual bereits wach und rege zu, forscht, erklärt, lacht: „Es nützt gar nichts, wenn du mir etwas vortäuschst, du nächtlicher Streuner! Ich bin auf Ceylon, ich weiß, dass ich auf Ceylon bin! – Es nützt gar nichts, wenn du mir bei jedem Wachwerden einen Zipfel der ligurischen oder canavesischen Landschaft, das Lächeln eines Freundes, das Profil meiner Mutter mitbringst … Ich weiß, dass ich träume. Dies schwache Glockenläuten, das du mir vorgaukelst, um mich an die Heimat zu erinnern, ähnelt sehr dem weihnachtlichen Klang, wenn der Schneesturm wirbelnd über die Glocken herfällt. Aber wahr ist das nicht.

Wahr ist allein der raue, ohrenbetäubende Chor der Papageien und Affen auf dem Dach meines Bungalows. In wenigen Sekunden werde ich auf Ceylon aufwachen, in meinem einsamen Schlupfwinkel mitten im tropischen Urwald."

Ich werde wach. Ich bin auf Ceylon. Ich habe meine Augen weit aufgeschlagen; ich sehe durch den weißen Schleier die Möbelstücke des Zimmers, Patricks Gestalt, der stehend mit der Teekanne wartet: Ich bin sehr schwach; aber der schwache Glockenschall klingt weiter durch den Urwaldchor; ich schiebe das Moskitonetz beiseite, springe mit solch verdutztem Gesicht aus dem Bett, dass es den alten singhalesischen Boy beunruhigt: „*What is the matter with you, master?*"

„Nichts, mein Lieber. Mir geht's sehr gut, aber das Geräusch, was ist das?"

„*The Christmas!* Weihnachten! Das ist die Sechs-Uhr-Messe in der Mission von Kandy."

Bis hier oben hinauf reicht in der reglosen Luft der Klang von Kandy, sechs Stunden weit entfernt unten im Tal.

Patrick ist Christ. Wenngleich er sein spärliches graues Haar unter dem singhalesischen Kamm aus gekrümmtem Schildpatt zu lauter Zöpfchen geflochten hat, wenngleich er außer seinem rot und hellblau karierten Frauenröckchen nichts trägt, hängen auf seiner nackten Brust, mitten unter den Amuletten gegen Gifte, Kobras und Unheil, ein Zelluloid-Skapulier und ein silbernes Kreuzchen. Er ist ein reiner Indo-Iraner mit seinem edlen, sokratischen Gesicht, das mich so schrecklich an einen von mir verehrten Universitätslehrer erinnert, dass es mir noch immer nicht recht glückt, ein gewisses Zaudern zu unterdrücken, wenn ich ihm anordnen muss, das Bad herzurichten oder die Stiefelschäfte zu glänzen.

„*The Christmas! The Christmas!* Hören Sie die Glocken?“

Freudestrahlend mit all seinen blendendweißen Zähnen im bronzefarbenen Gesicht tritt Matthew, der andere Boy, ein. Er ist noch sehr jung, zwanzig Jahre alt, und spricht sieben Sprachen; er ist ein guter Jäger und ein ganz vorzüglicher Koch; keiner versteht wie er, das Holz der Traveller-Palme zart zu garen und zu braten oder das Fleisch des Schuppentiers oder des Flughunds zuzubereiten.

Zusammen mit diesen beiden Gefährten und dem Bungalow-Wächter – sie reichen eben aus in dieser Weltgegend, wo die Arbeit nach Alter und Kaste aufgeteilt wird – wohne ich seit fast einem Monat in dem letzten, dem Reisenden von der bewundernswerten englischen Fürsorglichkeit überlassenen *Rest-House.* In Colombo, in Kandy habe ich mit den üppigen Verlockungen in den großen Hotels der Weltbürger eine Menge Zeit und Geld verprasst (zuviel Geld für einen schriftstellernden, von der heimischen Literatur und den heimischen Museen nicht gerade großzügig bedachten Insektenforscher), und diesen glücklichen Schlupfwinkel hier, der wie kein anderer meinen Forschungen förderlich ist, verdanke ich den wohlwollenden Bemühungen des holländischen Konsuls bei der singhalesischen Regierung.

Es ist winzig, bescheiden, dies *Rest-House* auf dem Adam's Peak, und dass der Kronprinz, als er im vorigen Jahr zur Elefantenjagd nach Ceylon kam, hier übernachtet hat, nährt meinen Stolz nicht unbedingt. O je! die Bleibe ist wenig königlich! Abstoßend reinlich nach Art eines Bahnhofs und der eingeschossigen kleinen Häuser im Lande Nippon, hat sie wie alle tropischen Gebäude eine umlaufende Veranda mit kleinen weißen Säulen und ein weit vorragendes Dach; abends wird ein Fallgitter heruntergelassen, das ringsum abschließt und uns vor Katzenbesuch schützt. In Europa stecken die Menschen die Tiger in Käfige, hier sind es die Tiger, die die Menschen in Käfige treiben; eigentlich nicht der Tiger, den es in diesen Wäldern nicht gibt, sondern die Leoparden und der lebensgefährliche singhalesische Schwarze Panther. Die Zimmer liegen um einen kleinen Innenhof, ein kleiner *Patio,* und sind alle unbeschreiblich trostlos mit ihrem bis zur halben Höhe weiß getünchten Mauerwerk und dem Holz der oberen Wandhälfte, das ins Freie durchbrochen ist, so dass die kleinen geflügelten Dschungelbewohner, die bengalischen Spatzen, ungehindert und mit jenem unglaublichen Zutrauen hereinfliegen, das die indischen Tiere dem Menschen entgegenbringen.

Ein Schlafzimmer, schlicht wie eine Kartäuserzelle, ein Wohnzimmer mit einigem europäischen Anspruch, eine Küche und ein geräumiger Vorratsraum, den ich mit meinen Kisten und Kasten als Laboratorium verwende; vor dem Haus ein lächerliches Gärtchen mit einem dreieckigen Beet; auf ihm umsorgt der Wärter mit großer Hingabe ein paar grämliche europäische Keimlinge, die das Klima betäubt und die umgebende Pflanzenwelt gedemütigt haben: in diese Einsiedelei dringt nun heute Morgen von weit, weit her der Klang der Mission zu mir. Und zum ersten Mal, seit ich der Heimat fern bin, spüre ich einen Stich im Herzen, leicht, kaum wahrnehmbar, aber anhaltend und lästig wie das erste Nagen eines faulenden Zahns: Heimweh! Und ich rühmte mich, dafür unempfänglich zu sein! O je, man kann sich vielleicht vortäuschen, ein Robinson oder ein buddhistischer Mönch zu sein, aber unsere Ursubstanz, die nicht nur durch das, was sie ist, sondern auch durch das, was sie gewesen ist, besteht, lässt sich nicht aus der Fassung bringen; Jahrtausende europäischer Entwicklung und zwanzig Jahrhunderte Christentum lassen sich nicht aus dem Geheimnis unserer Seele streichen. Heimweh, dieser grässliche, nicht zu beschreibende Schmerz aus unnennbaren, Angst und Reue ähnlichen Gefühlen!

Erfrischt durch ein Bad, trete ich hinaus ins Freie, um mich vom Erwachen des Dschungels, diesem für meine europäischen Augen immer wieder neuen Entzücken und Wunder, auf andere Gedanken bringen lassen. Ich folge einem im dichten Grün kaum kenntlichen Pfad, aber zum ersten Mal erscheint mir diese paradiesische Natur als etwas Feindliches, beunruhigend wie eine Landschaft aus der Zeit vor der Sintflut, in der sich gleich ein Pelsiosaurier oder ein Iguanodon zeigen muss. Noch einmal dringt durch das Gewirr dieser wahnwitzigen Pflanzenwelt das Glockenläuten der Mission aus der Tiefe der Täler, verstummt darauf, und noch nie zuvor habe ich mich so allein gefühlt, obwohl mir Patrick und Matthew folgen und das Gewehr, die Netze, die Greifzangen hinterher tragen. Doch heute werden wir nichts töten. In meinem Heimatland ist der Bruder Gotamas[2] geboren: die höchste Güte, die alle paar Jahrtausende

---

[2] Buddha

Fleisch wird und in einem Menschen aufgeht, sie ist in einem „Erweckten“ ein weiteres Mal „wachgeworden“.

Wir gehen weiter voran auf diesen Pfaden wie in Hohlgängen mitten durchs Grün, die die wilden Elefanten auf ihren nächtlichen Ausflügen herausgebrochen haben. Es ist acht Uhr morgens, in Italien also kurz vor Mitternacht; jetzt werden die Tische mit Mistelzweigen und Palmenkränzen geschmückt, die Fenster leuchten hell in der eisigen, verschneiten Dunkelheit der Heiligen Nacht. Hier ein sommerlicher Morgen, grelles Licht, das, durch die Kuppeln der baumartigen Farne gemildert, wie grünes Unterwasserflimmern herabfällt; laue Wärme, Gewächshauswärme, die auf diesem äquatorialen Gürtel der Erde ewig anhält, eine namenlose, fünfte Jahreszeit, die ich Hochstimmung nennen würde: glückseliger Wahnwitz, der die endlosen Todeskämpfe manch Ausgezehrter begleitet. In dieser ewig lauen Wärme, die abends oder nachts durch eine Stunde sturzflutartiger Regengüsse gemildert wird, erreicht die Pflanzenwelt unglaubliche Ausmaße, Linien, Farben; aber eben diese Schönheit, diese Jahreszeit, sich selbst immer gleich, mischen meinem heutigen Heimweh noch ein anderes, aus unaussprechlichen Gedanken heraufbeschworenes Grausen bei: Die Frühlinge, Sommer, Herbste, Winter, die von den Meisterwerken europäischer Dichtung, Malerei und Musik unsterblich gemacht wurden, sind also nichts weiter als das Ergebnis eines Breitengrades: Trauer über die Bedingtheit aller Dinge, auch solcher, die wir als göttlich und unsterblich verehren – noch schmerzlichere Trauer beim Gedanken, dass diese immergrüne Erde hier nichts weiter ist als der nurmehr schmale Strich eines ewigen Sommers, der sich am Anfang über unseren ganzen Erdball zog – kindliches, ja unbezwingliches Grausen beim Gedanken, dass unser Heimatland schon in die verlöschende Erdkurve eingetaucht ist, dass der Winter, die riesige verschneite Nacht, die es an diesem klaren Morgen umhüllt, schon das Bild der ewigen Eisnacht ist, die im Lauf der Zeit fortschreiten, die Tropen erreichen und bis hier oben hinauf in diesen glückseligen, auserwählten Erdstrich, in dies letzte Abbild der sterbenden Menschheit, eindringen wird ...

Meine Weihnacht ist nicht fröhlich, und die umgebende Pflanzenwelt tröstet mich wenig; sie erinnert mich fortgesetzt an die grässliche Entfernung zum Heimatland; sich etwas vorzutäuschen ist nicht möglich, nicht einmal wenn sich der Blick am Boden festhält; der Fuß schreitet mal zwischen Moosen, ungeheuerlichen Polypen oder korallenähnlichen Flechten voran, mal geht er über den hellgräulichen Teppich der himmelblauen singhalesischen Mimose, und der Tritt hinterlässt einen eigenartigen Abdruck, der sich sekundenschnell ausbreitet – wie sich das verletzte Weichtier im Schmerz zusammenzieht. Zu beiden Seiten hoch hinauf feiern die Pflanzen und Lebewesen Triumphe: eigenartige Insekten *(Phasmida, Phyllium,* etc.) sehen wie Äste und Blätter aus, riesengroße Schmetterlinge blenden im Flug wie ein grünhimmelblaues Glühfeuer und falten sich sitzend im Gras eines toten Blattes zusammen. Eigenartige Blumen, Kelche wie rosarotes und blutrotes Fleisch, wie schneeweißes oder himmelblaues Porzellan, Blumen, die nicht die geringste Verwandtschaft mit unseren Blumen haben. Blätter schöner als die Blumen, herzförmig, kelchartig, gemäldegleich, gelappt, gezahnt, gefranst: weiße himmelblau oder rot, rote weiß oder bläulichrot geädert; baumartige, wie Strahlen biegsame Farne, Zwergfarne, haarfein in der Luft sich wiegend wie in einem Aquarium; und alles ist unverändert wie im Uranfang, als es den Menschen und den Schmerz noch nicht gab.

Elf Uhr. Die Sonne steht fast senkrecht: Die märchenhafte Landschaft zersetzt sich in grüner Ferne, im Spiel der Luftspiegelungen; die Stämme winden sich in die Lüfte, die zitternd wie Flussgewässer zerfließen. Ich kehre wieder zurück zum Bungalow. Matthew geht mir voraus, bleibt jedoch vor Schreck und Freude laut rufend an der Schwelle stehen: „Kobra! Kobra! *The best wish for you!* Das bringt Ihnen viel, viel Glück!"

Seltsame Vorstellung Indiens, die die freudige Hoffnung in diesem Botschafter des sicheren Todes versinnbildlicht hat! *Skatura-Tka:* „Noch-sieben Schritte" nennen die Singhalesen ihn, weil, wie es heißt, das Opfer noch sieben Schritte taumelt, dann erstarrt hinfällt. Die Kobra gehört gewiss zu den gefährlichsten Schlangen, sieht aber nicht sonderlich beeindruckend aus. Die mich in meinem Garten empfängt, ist kaum größer als eine Ringelnatter und würde bestimmt liebend gern flüchten, wenn sie der Boy nicht umtanzte und mit seinem Geschrei und dem Netz verängstigte; sie hat sich zusammengeringelt, richtet ihren Körper halb auf mit dem vor Zorn aufgeblähten, verbreiterten Hals, dem kleinen dreieckigen Kopf, den rubinroten Augen, der gespaltenen, vorzuckenden Zunge; kampfbereit und mit wachen Augen auf den Menschen, windet sie sich um sich selbst.

Aber der Mensch lässt von ihr ab, und die Schlange glättet sich, streckt sich und verschwindet im Dickicht; Dank auch ihr an diesem Tag der Geburt Christi.

Bei Tisch, allein. Das kleine Wohnzimmer täuscht mir ein bisschen Europa vor, eine Täuschung, die mein Heimweh nährt, nicht mildert. Wie eigenartig dieser Gegensatz zwischen der tropischen Reinlichkeit, den weißgetünchten, von der halben Höhe bis zur Decke durchbrochenen Wänden und der überheblichen und bejahrten Gewichtigkeit der spärlichen Möblierung ist, die an die Warteräume bestimmter Ärzte und Pfarrer erinnert; vier Stühle aus Binsengeflecht, ein Sofa, das seine Wergseele aus reichlich vielen Wunden aushaucht, ein Empirebuffet mit einer nicht ganz wertlosen Robert-Pendeluhr, ein Bücherregal samt einer ungeheuren Bibel, an den Wänden ein paar moderne Ölbilder der englischen Herrscher und zwei alte Drucke: Amsterdam im 17. Jahrhundert – Dinge, die aus einem alten Bungalow stammen und zu Zeiten der holländischen Besatzung nach Ceylon kamen, als die flämischen Handelsleute, nachdem sie Afrika und Indien in einem abenteuerlichen Jahr auf wenig vertrauenerweckenden Schiffen umsegelt hatten, endlich auf der märchenhaften Insel anlangten.

Patrick und Matthew kommen und gehen schweigend, wachen über jede meiner Bewegungen mit dem ergebenen Eifer, der als die große Tugend indischer Bediensteter unter allen Reisenden höchste Wertschätzung genießt. Matthew hat einen gewaltigen, während des morgendlichen Rundgangs gepflückten Orchideenstrauß in einer Konservendose auf den Tisch gestellt, daneben einen Teller voll riesiger Mangofrüchte. Ich habe mich an die seltsamen Früchte gewöhnt; schneidet man sie auf, trifft man auf ihr eiskaltes Fruchtfleisch, das wie ein weiches Fruchteis schmeckt und nach Moschus und Kreosot duftet; seltsame Früchte, die ein Zuckerbäcker, ein Parfumhersteller, ein Apotheker gemacht haben könnte. Und die Orchideen vor mir könnte sich ein Goldschmied ausgedacht haben: Blütenblätter vielfarbig lackiert, glimmerig überstäubt, wunderliche, wie Nippons Drachen grinsende Rachen, ausbuckelnde, gehörnte, bauchige Blütenkelche, in deren Innern es regenbogenfarbig schillert, wie man es auch in den offenen Bruchstücken geschlachteter Tiere flüchtig wahrnimmt: Der Strauß gibt eine Vorahnung von Pest und Unheil und strömt in der nachmittäglichen Hitze einen unerträglich übelriechenden Duft aus. Ich lasse ihn fortstellen, diesen märchenhaften Strauß, der um diese Tageszeit in einem europäischen Salon ein Zeichen der Ehrerbietung abgäbe, wie es einer Prinzessin nicht unwürdig wäre; wie gern aber würde ich ihn gegen einen dornigen weihnachtlichen Palmenzweig mit roten Beeren oder einen Mistelstrauch eintauschen!

Jetzt waltet die Stunde der nachmittäglichen Hitze, der tropischen Mittagsruhe auf dem Liegestuhl, die Stunde des Schweigens, das die kleinen Bengalen zum Besuch verlockt.

Im Schwarm brechen die winzigen, weiß gesprenkelten roten oder grünlichen Spatzen bei der einen Wand des

Wohnzimmers herein, kundschaften es aus, fliegen quer hindurch, fliegen wieder herein; mein Arm, den ich plötzlich vorstrecke, um mir ein Buch zu nehmen, versetzt sie in Unruhe, sie dringen in die Küche ein, kehren verängstigt vom Herumwirtschaften der Boys zurück, kreisen zweimal im Esszimmer, setzen sich abwartend in die Durchbrechungen der Wände; ein paar mutigere überlegen sich, dass ich mich sicherlich nicht entscheide wegzugehen, fliegen herunter, setzen sich auf die Sessellehne, auf die Regalbretter, auf den Boden, um die Essenskrümel aufzupicken, und einer nach dem anderen fliegen sie alle herunter, hüpfen inzwischen im Vertrauen auf den weißgekleideten Menschen leise piepsend herum. Ich strecke einen Arm aus, werfe eine Zeitung hin, um zu sehen, wie groß ihr Mut ist, aber die kleinen Wagehälse rücken kaum zur Seite.

In der schweigenden Hitze klingt das Gezwitscher überein mit dem Ticken der bejahrten Robert-Uhr, die schon so vielen Leben in ferner Abgeschiedenheit die Stunden geschlagen hat, klingt überein mit dem gedämpften Singsang der Boys.

Patrick und Matthew wirtschaften nicht mehr. Sie liegen ausgestreckt auf dem Boden, die Schultern an der Mauer, sie schlafen und singen. Durch die geschlossenen Zähne drückt sich ihr träger Schlaf für sich selbst in einer schläfrigen, sonderbaren Musik aus: Handlung als Widerschein, als Stellungnahme der Dinge, als Umschreibung für Einsamkeit und Fernsein, Wärme und Schweigen.

Von einem Knaben und einem Mädchen, die nicht erfroren sind

von Maxim Gorki

In den Weihnachtserzählungen ist es von alther üblich, jährlich mehrere arme Knaben und Mädchen erfrieren zu lassen. Der Knabe oder das Mädchen einer angemessenen Weihnachtserzählung steht gewöhnlich vor dem Fenster eines großen Hauses, ergötzt sich am Anblick des brennenden Weihnachtsbaumes in einem luxuriösen Zimmer und erfriert dann, nachdem es viel Unangenehmes und Bitteres empfunden hat.

Ich verstehe die guten Absichten der Autoren solcher Weihnachtserzählungen, ungeachtet der Grausamkeit, welche die handelnden Personen betrifft; ich weiß, dass sie, diese Autoren, die armen Kinder erfrieren lassen, um die reichen Kinder an ihre Existenz zu erinnern; aber ich persönlich kann mich nicht dazu entschließen, auch nur einen einzigen Knaben oder ein armes Mädchen erfrieren zu lassen, auch zu solch einem sehr achtbaren Zweck nicht.

Ich selbst bin nicht erfroren und bin auch nicht beim Erfrieren eines armen Knaben oder armen Mädchens dabei gewesen und fürchte, allerhand lächerliche Dinge zu sagen, wenn ich die Empfindungen beim Erfrieren beschreibe, und außerdem ist es peinlich, ein lebendes Wesen erfrieren zu lassen, nur um ein anderes lebendes Wesen an seine Existenz zu erinnern.

Das ist es, weshalb ich es vorziehe, von einem Knaben und einem Mädchen zu erzählen, die nicht erfroren sind.

Es war am Heiligabend, ungefähr um sechs Uhr. Der Wind wehte und wirbelte hier und da durchsichtige Schneewölkchen auf. Diese kalten Wölkchen von nicht greifbarer Gestalt, schön und leicht wie zusammengeknüllter Müll, flogen überall umher, gerieten den Fußgängern ins Gesicht und stachen ihnen mit Eisnadeln in die Wangen, bestäubten den Pferden die Köpfe, die sie – warme Dampfwolken ausstoßend – laut wiehernd schüttelten. Die Telegrafendrähte waren mit Reif behängt, sie sahen wie Schnüre aus weißem Plüsch aus. Der Himmel war wolkenlos und funkelte von vielen Sternen. Sie glänzten so hell, als ob jemand sie zu diesem Abend mit Bürste und Kreide sorgfältig geputzt hätte, was natürlich unmöglich war.

Auf der Straße ging es laut und lebhaft her. Traber sausten dahin, Fußgänger kamen, von denen einige eilten, andere ruhig dahinschritten.

Dieser Unterschied lag sichtlich darin begründet, dass die ersteren etwas vorhatten und sich Sorgen machten oder keine warmen Mäntel besaßen, die letzteren aber weder Geschäfte noch Sorgen hatten und nicht nur warme Mäntel, sondern sogar Pelze trugen.

Dem einen dieser Leute, die keine Sorgen hatten und dafür Pelze mit üppigen Kragen, einem von diesen Herrschaften, die langsam und wichtig dahinschritten, rollten zwei kleine Lumpenbündel direkt vor die Füße und begannen, sich vor ihm herumdrehend, zweistimmig zu jammern.

„Lieber, guter Herr“, klagte die hohe Stimme eines kleines Mädchens.

„Euer Wohlgeboren“, unterstütze es die heisere Stimme eines Knaben.

„Geben Sie uns armseligen Kindern etwas!“

„Ein Kopekchen für Brot! Zum Feiertage!“ schlossen sie beide vereint.

Das waren meine kleine Helden – arme Kinder: der Knabe Mischka Pryschtsch und das Mädchen Katjka Rjabaja.

Der Herr ging weiter; sie aber liefen behende vor seinen Füßen hin und her, wobei sie ihm beständig im Wege waren, und Katjka flüsterte, vor Aufregung keuchend, immer wieder: „Geben Sie uns doch etwas!“ während Mischka sich bemühte, den Herrn soviel wie möglich am Gehen zu hindern.

Und da, als er ihrer endlich überdrüssig geworden war, schlug er seinen Pelz auseinander, nahm sein Portemonnaie heraus, führte es an seine Nase und schnaufte. Darauf entnahm er ihm eine Münze und steckte sie in eine der schmutzigen kleinen Hände, die sich ihm entgegenstreckten.

Die beiden Lumpenbündel gaben augenblicklich dem Herrn im Pelz den Weg frei und fanden sich plötzlich in einem Torweg, wo sie eng aneinandergedrückt eine Zeitlang schweigend die Straße auf und ab blickten.

„Er hat uns nicht gesehen, der Teufel!“ flüsterte der arme Knabe Mischka, boshaft triumphierend.

„Er ist um die Ecke herum zu den Droschkenkutschen gegangen“, antwortete seine kleine Freundin. „Wie viel hat er denn gegeben, der Herr?“

„Einen Zehner!“, sagte Mischka gleichmütig.

„Und wie viel sind es jetzt im Ganzen?“

„Sieben Zehner und sieben Kopeken!“

„Oh, schon soviel! ... Gehen wir bald nach Hause? Es ist so kalt.“

„Dazu ist noch Zeit!“, sagte Mischka skeptisch. „Sieh zu, drängle dich nicht gleich vor; wenn dich die Polente sieht, packt sie dich und zaust dich ... Dort schwimmt eine Barke! Los!“

Die Barke war eine Dame in einer Rotonde, woraus zu ersehen ist, dass Mischka ein sehr boshafter, unerzogener und älteren Leuten gegenüber unehrerbietiger Knabe war.

„Liebe gnädige Frau!“, begann er zu jammern.

„Geben Sie etwas, um Christi willen!“, rief Katjka.

„Drei Kopeken hat sie spendiert! Sieh mal an! Die Teufelsfratze!“, schimpfte Mischka und schlüpfte wieder in den Torweg.

Und die Straße entlang stoben nach wie vor leichte Schneewölkchen, und der kalte Wind wurde immer rauer. Die Telegrafenstangen summten dumpf, der Schnee knirschte unter den Schlittenkufen, und in der Ferne hörte man ein frisches, helles weibliches Lachen.

„Wird Tante Anfissa heute auch betrunken sein?“, fragte Katjka, sich fester an ihren Kameraden schmiegend.

„Warum denn nicht? Warum sollte sie nicht trinken? Genug davon!“, antwortete Mischka wichtig.

Der Wind wehte den Schnee von den Dächern und begann leise ein Weihnachtsliedchen zu pfeifen; irgendwo winselte eine Türangel. Darauf erklang das Klirren einer Glastür, und eine helle Stimme rief: „Droschke!"

„Lass uns nach Hause gehen!", schlug Katjka vor.

„Nun, jetzt fängst du noch an zu jammern!", fuhr der ernste Mischka sie an. „Was gibt es denn schon zu Hause?"

„Dort ist's warm", erklärte sie kurz.

„Warm!", äffte er sie nach. „Und wenn sich wieder alle versammeln, und du musst tanzen – ist es dann schön? Oder wenn sie dich mit Schnaps vollpumpen und dir wieder schlecht wird … und da willst du nach Hause!"

Er streckte sich mit dem Ausdruck eines Menschen, der seinen Wert kennt und von seiner richtigen Ansicht fest überzeugt ist. Katjka gähnte fröstelnd und hockte in einem Winkel des Torweges nieder.

„Schweig lieber … und wenn es kalt ist – halt aus … das schadet nichts. Wir werden schon wieder warm werden. Ich kenne das schon! Ich will …"

Er hielt inne, er wollte seine Kameradin zwingen, sich dafür zu interessieren, was er wollte. Sie aber zeigte nicht das geringste Interesse und zog sich immer mehr zusammen. Da warnte Mischka sie besorgt: „Pass auf, dass du nicht einschläfst, sonst erfrierst du! Katjuschka?!"

„Nein, mir fehlt nichts", antwortete sie zähneklappernd.

Wenn Mischka nicht da gewesen wäre, wäre sie vielleicht auch erfroren; aber dieser erfahrene Bursche hatte sich fest vorgenommen, sie an der Ausführung dieser in der Weihnachtszeit üblichen Tat zu hindern.

„Steh lieber auf, das ist besser. Wenn du stehst, bist du größer, und der Frost kann dich nicht so leicht bezwingen. Mit Großen kann er nicht fertig werden. Zum Beispiel die Pferde – die frieren niemals. Aber der Mensch ist kleiner als das Pferd … er friert … Steh doch auf! Wir wollen es bis zu einem Rubel bringen – und dann marsch nach Hause!"

Am ganzen Körper zitternd stand Katjka auf.

„Es ist schrecklich kalt", flüsterte sie.

Es wurde in der Tat immer kälter, und die Schneewölkchen verwandelten sich nach und nach in herumwirbelnde Knäuel. Sie drehten sich auf der Straße, hier als weiße Säulen, dort als lange Streifen lockeren Gewebes, mit Brillanten besät.

Es war hübsch anzusehen, wenn solche Streifen sich über den Laternen schlängelten oder an den hell erleuchteten Fenstern der Geschäfte vorüberflogen. Dann sprühten sie als vielfarbige Funken auf, die kalt waren und die Augen mit ihrem Glanz blendeten. Obgleich das alles schön war, interessierte es meine beiden kleinen Helden absolut nicht.

„Hu – hu!", sagte Mischka, indem er die Nase aus seiner Höhle hinausstreckte. „Da kommen sie geschwommen! Ein ganzer Haufen! … Katjka, schlaf nicht!"

„Gnädige Herrschaften!", begann das kleine Mädchen mit zitternder und unsicherer Stimme zu jammern, während es auf die Straße kullerte.

„Geben sie uns armen … Katjuschka, lauf!", kreischte Mischka auf.

„Ach, ihr, ich werde euch", zischte ein langer Polizist, der plötzlich auf dem Bürgersteig erschienen war.

Aber sie waren bereits verschwunden. Sie waren wie zwei große zottige Knäuel fortgekullert und verschwunden.

„Sie sind fortgelaufen, die kleinen Teufel!“, sagte der Polizist vor sich hin, lächelte gutmütig und blickte die Straße entlang.

Und die kleinen Teufel rannten und lachten aus vollem Halse.

Katjka fiel immer wieder hin, weil sie sich in ihren Lumpen verwickelte, und rief dann: „Lieber Gott! Schon wieder ...“, und sah sich beim Aufstehen ängstlich lächelnd um.

„Kommt er hinterher?“

Mischka lachte, sich die Seite haltend, aus vollem Halse und bekam einen Nasenstüber nach dem anderen, weil er fortwährend mit Vorübergehenden zusammenstieß.

„Nun aber genug! Hol dich der Teufel! Wie sie herumkullert! Ach du dumme Trine! Plumps! Mein Gott schon wieder plumpst sie hin, das ist ja zu komisch!“

Katjkas Hinfallen stimmte ihn heiter.

„Jetzt wird er uns nicht mehr einholen, sei nur ruhig! Er ist nicht schlecht, das ist einer von den guten ... Der andere, der von damals, hat gleich gepfiffen ... Ich renne los – und dem Polizisten direkt gegen den Bauch! Und mit der Stirn an seinen Knüppel ...“

„Ich weiß noch, du bekamst eine Beule ...“, und Katjka lachte wieder hellauf.

„Nun, schon gut!“, sagte Mischka ernst. „Du hast genug gelacht! Hör jetzt, was ich dir sage.“

Sie gingen nun im bedächtigen Schritt ernster und besorgter Leute nebeneinander her.

„Ich hab' dich belogen, der Herr hat mir zwei Zehner gegeben, und vorher habe ich dich auch belogen, damit du nicht sagen solltest, es sei Zeit, nach Hause zu gehen. Heute haben wir einen guten Tag! Weißt du, wie viel wir gesammelt haben? Einen Rubel und fünf Kopeken! Das ist viel!"

„Ja-a-a!", flüsterte Katjka. „Für soviel Geld kann man sogar Schuhe kaufen ... auf dem Trödelmarkt."

„Nun, Schuhe! Schuhe stehle ich für dich ... warte nur ... ich habe es schon lange auf ein Paar abgesehen ... ich werde sie schon stibitzen. Aber weißt du was, wir wollen gleich in eine Schenke gehen ... ja?"

„Tantchen wird wieder davon erfahren, und dann setzt es was, wie das vorige Mal", sagte Katjka nachdenklich; aber in ihrem Ton klang schon Vorfreude auf die Wärme.

„Dann setzt es was? Nein, das wird nicht geschehen! Wir wollen uns eine Schenke suchen, wo uns niemand kennt."

„Ach so", flüsterte Katjka hoffnungsvoll.

„Also vor allem wollen wir ein halbes Pfund Wurst kaufen, das macht acht Kopeken; ein Pfund Weißbrot für fünf Kopeken. Das sind dreizehn Kopeken! Dann zwei Stück Kuchen zu drei Kopeken – das sind sechs Kopeken und im Ganzen schon neunzehn Kopeken! Dann zahlen wir für zweimal Tee sechs Kopeken ... das macht einen Fünfundzwanziger! Siehst du! Dann bleiben uns ..."

Mischka schwieg und blieb stehen. Katjka schaute ihm ernst und fragend ins Gesicht.

„Das ist aber schon sehr viel", wiederholte sie schüchtern.

„Sei still ... warte ... Das macht nichts, es ist nicht viel, es ist sogar noch wenig. Dann essen wir noch was für acht

Kopeken … dann sind es im Ganzen dreiunddreißig! Essen wir drauflos! Ist ja Weihnachten. Dann bleiben … bei fünfundzwanzig Kopeken acht Zehner und bei dreiunddreißig etwas über sieben Zehner übrig! Siehst du, wie viel! Hat sie noch mehr nötig, die Hexe? … Hei! … Geh mal schneller!“

Sie fassten sich an den Händen und hopsten auf dem Bürgersteig weiter. Der Schnee flog ihnen ins Gesicht und in die Augen. Mitunter wurden sie von einer Schneewolke vollständig bedeckt; sie hüllte die beiden kleinen Gestalten in einen durchsichtigen Schleier, den sie in ihrem Streben nach Wärme und Nahrung rasch zerrissen.

„Weißt du“, begann Katjka, vom schnellen Gehen keuchend, „ob du willst oder nicht, aber wenn sie es erfährt, werde ich sagen, dass du das alles … ausgedacht hast … Tu, was du willst! Du wirst schließlich fortlaufen … aber ich habe es schlechter … mich kriegt sie immer … und schlägt mich mehr als dich … sie mag mich nicht. Pass auf, ich werde alles sagen!“

„Nur zu, sag es nur!“, nickte ihr Mischka zu. „Wenn sie uns auch durchprügelt – es wird schon wieder heilen. Das macht nichts … Sag es nur …“ Er war von Mut erfüllt und ging einher, pfeifend den Kopf zurückgeworfen. Sein Gesicht war schmal, und seine Augen hatten einen unkindlichen schlauen Ausdruck, seine Nase war spitz und ein wenig gebogen.

„Da ist sie, die Schenke! Es sind sogar zwei! In welche wollen wir gehen?“

„Los, in die niedrige. Und zuerst in den Laden … Komm!“

Und nachdem sie im Laden alles, was sie sich vorgenommen, gekauft hatten, traten sie in die niedrige Schenke.

Sie war voller Dampf und Rauch und einem sauren, betäubenden Geruch. Im dichten rauchigen Nebel saßen an den Tischen Droschkenkutscher, Landstreicher und Soldaten, zwischen den Tischen liefen unglaublich schmutzige Bediente umher, und alles schrie, sang und schimpfte.

Mischka fand mit scharfem Blick in einer Ecke ein leeres Tischchen und ging geschickt lavierend darauf zu, nahm schnell seinen Mantel ab und begab sich zum Büfett. Schüchtern um sich blickend, begann auch Katjka ihren Mantel auszuziehen.

„Onkelchen“, sagte Mischka, „kann ich zwei Glas Tee bekommen?“ Und schlug gleich mit der Faust auf das Büfett.

„Tee möchtest du haben! Bitte sehr! Gieß dir selbst ein und hol dir auch selbst kochendes Wasser ... sieh aber zu, dass du nichts zerbrichst! Sonst werde ich dich ...“

Aber Mischka war schon nach dem heißen Wasser fortgerannt. Nach zwei Minuten saß er mit seiner Kameradin ehrbar am Tisch, im Stuhl zurückgelehnt, mit der wichtigen Miene eines Droschkenkutschers nach tüchtiger Arbeit – und drehte sich bedächtig eine Zigarette aus Machorka. Katjka schaute ihn voller Bewunderung für seine Haltung in einem öffentlichen Lokal an. Sie konnte sich noch gar nicht an den lauten, betäubenden Lärm der Schenke gewöhnen und erwartete im Stillen, dass man sie beide „am Kragen nehmen“ oder dass noch etwas Schlimmeres geschehen würde. Aber sie wollte ihre geheimen Befürchtungen nicht vor Mischka aussprechen und versuchte, indem sie ihr blondes Haar mit den Händen glättete, sich unbefangen und ruhig umzuschauen. Diese Bemühungen ließen ihre schmutzigen Backen immer wieder erröten, und sie kniff ihre blauen Augen verlegen zusammen. Aber Mischka belehrte sie bedächtig, bemüht, in Ton und Rede den Hausmann Signej nachzuahmen, der ein sehr ernster Mensch, wenn auch ein Trinker war und vor kurzer Zeit wegen Diebstahls drei Monate im Gefängnis gesessen hatte.

„Da bettelst du zum Beispiel ... Aber wie du bettelst, das taugt nichts, offen gesagt, ‚Ge-e-eben Sie, ge-e-eben Sie uns etwas!‘ Ist denn das die Hauptsache? Du musst den Menschen vor den Füßen sein, mach es so, dass er Angst hat, über dich zu fallen ...“

„Ich werde das tun ...“, stimmte Katjka demütig zu.

„Nun, siehst du ...“, nickte ihr Kamerad gewichtig. „So muss es auch sein. Und dann noch eins: Wenn zum Beispiel Tante Anfissa ... was ist denn diese Anfissa? Erstens eine Trinkerin! Und außerdem ...“

Und Mischka verkündete aufrichtig, was Tante Anfissa außerdem noch war. Im völligen Einverständnis mit Mischkas Bezeichnung nickte Katjka mit dem Kopf.

„Du folgst ihr nicht ... das muss man anders machen. Sage zu ihr: ‚Liebes Tantchen, ich werde brav sein ... ich werde Ihnen gehorchen ...‘ Schmier ihr also Honig ums Maul. Und dann tu, was du willst ... so musst du es machen ...“

Mischka schwieg und kratzte sich gewichtig den Bauch, wie es Signej immer tat, wenn er zu reden aufhörte. Damit war sein Thema erschöpft.

Er schüttelte den Kopf und sagte: „Nun wollen wir essen ...“

„Ja, los!“, stimmte Katjka bei, die schon längst gierige Blicke auf Brot und Wurst geworfen hatte.

Dann begannen sie ihr Abendessen zu verspeisen inmitten des feuchten, übelriechenden Dunkels der mit berußten Lampen schlecht beleuchteten Schenke, im Lärm zynischer Schimpfreden und Lieder. Sie aßen beide mit Gefühl, Verstand und Bedacht, wie echte Feinschmecker. Und wenn Katjka aus dem Takt kommend, heißhungrig ein großes Stück abbiss, wodurch sich ihre Backen blähten und ihre Augen komisch hervortraten, brummte der bedächtige Mischka spöttisch: „Schau mal einer an, Mütterchen, wie du über das Essen herfällst!“

Das machte sie verlegen, und sie bemühte ich, beinahe erstickend, die wohlschmeckende Kost rasch zu zerkauen.

Nun, das ist auch alles. Jetzt kann ich sie ruhig ihren Weihnachtsabend zu Ende feiern lassen. Glauben Sie mir, sie werden nun nicht mehr erfrieren! Sie sind am richtigen Platz ... wozu sollte ich sie erfrieren lassen ...? Meiner Meinung nach ist es äußerst töricht, Kinder erfrieren zu lassen, welche die Möglichkeit haben, auf gewöhnliche und natürliche Weise zugrunde zu gehen.

DAS PAKET DES LIEBEN GOTTES

VON BERTOLT BRECHT

NEHMT EURE STÜHLE und eure Teegläser mit hier hinter an den Ofen und vergesst den Rum nicht. Es ist gut, es warm zu haben, wenn man von der Kälte erzählt.

Manche Leute, vor allem eine gewisse Sorte Männer, die etwas gegen Sentimentalität haben, haben eine starke Aversion gegen Weihnachten. Aber zumindest *ein* Weihnachten in meinem Leben ist bei mir wirklich in bester Erinnerung. Das war der Weihnachtsabend 1908 in Chicago. Ich war Anfang November nach Chicago gekommen, und man sagte mir sofort, als ich mich nach der allgemeinen Lage erkundigte, es würde der härteste Winter werden, den diese ohnehin genügend unangenehme Stadt zustande bringen könnte. Als ich fragte, wie es mit den Chancen für einen Kesselschmied stünde, sagte man mir, Kesselschmiede hätten keine Chancen, und als ich eine halbwegs mögliche Schlafstelle suchte, war alles zu teuer für mich. Und das erfuhren in diesem Winter 1908 viele in Chicago, aus allen Berufen.

Und der Wind wehte scheußlich vom Michigansee herüber durch den ganzen Dezember, und gegen Ende des Monats schlossen auch noch eine Reihe großer Fleischpackereien ihren Betrieb und warfen eine ganze Flut von Arbeitslosen auf die kalten Straßen.

Wir trabten die ganzen Tage durch sämtliche Stadtviertel und suchten verzweifelt nach etwas Arbeit und waren froh, wenn wir am Abend in einem winzigen, mit erschöpften Leuten angefüllten Lokale im Schlachthofviertel unterkommen konnten. Dort hatten wir es wenigstens warm und konnten ruhig sitzen. Und wir saßen, solange es irgend ging mit *einem* Glas Whisky, und wir sparten alles den Tag über auf für dieses eine Glas Whisky, in das noch Wärme, Lärm und Kameraden mit einbegriffen waren, all das, was es an Hoffnung für uns noch gab.

Dort saßen wir auch am Weihnachtsabend dieses Jahres, und das Lokal war noch überfüllter als gewöhnlich und der Whisky noch wässriger und das Publikum noch verzweifelter. Es ist einleuchtend, dass weder das Publikum noch der Wirt in Feststimmung geraten, wenn das ganze Problem der Gäste darin besteht, mit einem Glas eine ganze Nacht auszureichen, und das ganze Problem des Wirtes, diejenigen hinauszubringen, die leere Gläser vor sich stehen hatten.

Aber gegen zehn Uhr kamen zwei, drei Burschen herein, die, der Teufel mochte wissen woher, ein paar Dollars in der Tasche hatten, und die luden, weil es doch eben Weihnachten war und Sentimentalität in der Luft lag, das ganze Publikum ein, ein paar Extragläser zu leeren. Fünf Minuten darauf war das ganze Lokal nicht wiederzuerkennen. Alle holten sich frischen Whisky (und passten nun ungeheuer genau darauf auf, dass ganz korrekt eingeschenkt wurde), die Tische wurden zusammengerückt, und ein verfroren aussehendes Mädchen wurde gebeten, einen Cakewalk zu tanzen, wobei sämtliche Festteilnehmer mit den Händen den Takt klatschten. Aber was soll ich sagen, der Teufel mochte seine schwarze Hand im Spiel haben, es kam keine rechte Stimmung auf.

Ja, geradezu von Anfang an nahm die Veranstaltung einen direkt bösartigen Charakter an. Ich denke, es war der Zwang, sich beschenken lassen zu müssen, der alle so aufreizte. Die Spender dieser Weihnachtsstimmung wurden nicht mit freundlichen Augen betrachtet. Schon nach den ersten Gläsern des gestifteten Whiskys wurde der Plan gefasst, eine regelrechte Weihnachtsbescherung, sozusagen ein Unternehmen größeren Stils, vorzunehmen.

Da ein Überfluss an Geschenkartikeln nicht vorhanden war, wollte man sich weniger an direkt wertvolle und mehr an solche Geschenke halten, die für die zu Beschenkenden passend waren und vielleicht sogar einen tieferen Sinn hatten.

So schenkten wir dem Wirt einen Kübel mit schmutzigem Schneewasser von draußen, wo es davon gerade genug gab, *damit er mit seinem alten Whisky noch ins neue Jahr hinein ausreichte.* Dem Kellner schenkten wir eine alte, erbrochene Konservenbüchse, *damit er wenigstens ein anständiges Servicestück hätte,* und einem zum Lokal gehörigen Mädchen ein schartiges Taschenmesser, *damit sie wenigstens die Schicht Puder vom vergangenen Jahr abkratzen könnte.*

Alle diese Geschenke wurden von den Anwesenden, vielleicht nur die Beschenkten ausgenommen, mit herausforderndem Beifall bedacht. Und dann kam der Hauptspaß.

Es war nämlich unter uns ein Mann, der musste einen schwachen Punkt haben. Er saß jeden Abend da, und Leute, die sich auf dergleichen verstanden, glaubten mit Sicherheit behaupten zu können, dass er, so gleichgültig er sich auch geben mochte, eine gewisse, unüberwindliche Scheu vor allem, was mit der Polizei zusammenhing, haben musste. Aber jeder Mensch konnte sehen, dass er in keiner guten Haut steckte.

Für diesen Mann dachten wir uns etwas ganz Besonderes aus. Aus einem alten Adressbuch rissen wir mit Erlaubnis des Wirtes drei Seiten aus, auf denen lauter Polizeiwachen standen, schlugen sie sorgfältig in eine Zeitung und überreichten das Paket unserm Mann.

Es trat eine große Stille ein, als wir es überreichten. Der Mann nahm das Paket zögernd in die Hand und sah uns mit einem etwas kalkigen Lächeln von unten herauf an. Ich merkte, wie er mit den Fingern das Paket anfühlte, um schon vor dem Öffnen festzustellen, was drin sein könnte. Aber dann machte er es rasch auf.

Und nun geschah etwas sehr Merkwürdiges. Der Mann nestelte eben an der Schnur, mit der das „Geschenk" verschnürt war, als sein Blick scheinbar abwesend, auf das Zeitungsblatt fiel, in das die interessanten Adressbuchblätter geschlagen waren. Aber da war sein Blick schon nicht mehr abwesend. Sein ganzer dünner Körper (er war sehr lang) krümmte sich sozusagen um das Zeitungsblatt zusammen, er bückte sein Gesicht tief darauf herunter und las. Niemals, weder vor- noch nachher, habe ich je einen Menschen so lesen sehen. Er verschlang das, was er las, einfach. Und dann schaute er auf. Und wieder habe ich niemals, weder vor- noch nachher, einen so strahlend schauen sehen wie diesen Mann.

„Da lese ich eben in der Zeitung", sagte er mit einer verrosteten, mühsam ruhigen Stimme, die in lächerlichem Gegensatz zu seinem strahlenden Gesicht stand, „dass die ganze Sache einfach schon lang aufgeklärt ist. Jedermann in Ohio weiß, dass ich mit der ganzen Sache nicht das Geringste zu tun hatte." Und dann lachte er.

Und wir alle, die erstaunt dabeistanden und etwas ganz anderes erwartet hatten und fast nur begriffen, dass der Mann unter irgendeiner Beschuldigung gestanden und inzwischen, wie er eben aus diesem Zeitungsblatt erfahren hatte, rehabilitiert worden war, fingen plötzlich an, aus vollem Halse und fast aus dem Herzen mitzulachen, und dadurch kam ein großer Schwung in unsere Veranstaltung, die gewisse Bitterkeit war überhaupt vergessen, und es wurde ein ausgezeichnetes Weihnachten, das bis zum Morgen dauerte und alle befriedigte.

Und bei dieser allgemeinen Befriedigung spielte es natürlich gar keine Rolle mehr, dass dieses Zeitungsblatt nicht wir ausgesucht hatten, sondern Gott.

Kinderweihnacht in Jugoslawien

von Johannes Weidenheim

Überall wird Weihnachten schon Wochen vorher durch irgend etwas eingeleitet, zum Beispiel dadurch, dass in den großen Städten in den Schaufenstern plötzlich Maria und Josef und die Hirten zwischen Strümpfen, Käse und Staubsaugern auftauchen – mit dem Zweck, für diese Dinge zu werben, aber wenn man näher hinsieht, merkt man, dass sie sich gar nicht darum kümmern, sondern nur still vor sich hinsinnen.

Daheim war das nicht so, da fing die Weihnachtszeit damit an, dass es überall ganz außerordentlich nach Äpfeln zu duften begann – nach Marschantzkern, Lederäpfeln und Reinetten, die unsere Händler waggonweise aus Slowenien heranschafften und in großen dunklen Magazinen aufschütteten, wo im Sommer der Weizen gelagert hatte. Ein Rest vom bitterlichen Geruch des Weizens war noch übriggeblieben, der zog nun von unten her ganz zart in den süßen Duft der Äpfel ein, und man konnte es bei jedem Menschen schon der Kleidung anriechen, ob er soeben in einem, wie wir sagten, „Apfelhambar" gewesen war. Und der Kleinrichter mit der Trommel vor dem Bauch zog durch das Dorf und rief aus, in welchem Hambar wieder Äpfel angekommen waren, was für Sorten und wie viel sie kosteten. Dann begann ein großes Wandern dorthin, die einen kamen mit Wäschekörben, die anderen mit Handwagen, die dritten mit Schlitten, denn in Slowenien gab es die besten Äpfel der Welt, und unsere Menschen waren Feinschmecker.

Eine ebensolche Rolle spielten Walnüsse und Maronen, Honig und die Stille. Ohne alles dies gab es kein Weihnachten; es war indessen so reichlich vorhanden, dass jeder etwas davon abbekam. Und dann natürlich noch der Schnee, der trockene, glitzernde Schnee des Ostens, der oft so hoch lag, dass wir als Kinder nicht von der einen Seite der Straße auf die andere sehen konnten. Da waren wir so richtig abgeschlossen von der übrigen Welt und darauf vorbereitet, dass etwas Besonderes geschehen musste.

Der Nikolaustag war sehr wichtig. Da gab es einen Schuh voll Naschereien mit einem kleinen schwarz-roten Krampus obendrauf, und auch Kindervorstellungen mit einem Theaterstück fanden immer an diesem Tage statt. Die Stücke hatte meist der Zahnarzt Pirnath einstudiert, der sich auf diese Weise bei den Kindern wieder beliebt machte; denn er hatte ihnen das ganze Jahr über viele Zähne mit Schmerzen herausreißen müssen.

Von diesem Tage an konnte jeden Morgen entweder halb unter einem Schrank – so dass man es gerade noch sehen konnte – oder ganz einfach auf dem Fußboden irgend etwas Wohlschmeckendes herumliegen, meist ein Stück Salonzucker, das war so etwas wie Marzipan, aber viel süßer und eingewickelt in langes, ausgefranstes Seidenpapier mit Stanniol überzogen – eine Süßigkeit, die es das ganze Jahr über nicht gab, nur eben zu Weihnachten. Und die Mutter wusste sogar, woher es stammte: Das Christkind war über Nacht durch das Haus gezogen und hatte es ganz zufällig verloren.

Aha, dachten wir und waren zuversichtlich: Wenn das Christkind sogar schon vor Weihnachten durch unser Haus zieht – um Maß zu nehmen, sozusagen –, dann wird es wohl auch am Heiligen Abend den Weg zu uns finden. Trotzdem wurden wir plötzlich sehr brav, denn wer weiß, vielleicht überlegte das Christkind es sich doch noch anders – wo es doch nur ein einziges gab auf der Welt und allein schon in unserem Dorf so unendlich viele Häuser!

Und wir schrieben Briefe und stellten sie ins Fenster, die das Christkind bei Nacht, wenn wir schliefen, abholte. Vom Weihnachtsmann wussten wir nichts, und das Christkind war ohnehin vornehmer. Anfangs ließ es sich wirklich Jahr für Jahr in unserem Hause sehen. Es hatte ein ganz langes weißes Kleid an, weiße Handschuhe, einen weißen Schleier vor dem Gesicht, ein funkelndes Diadem auf dem Kopf und zwei sehr mächtige Flügel auf dem Rücken (die Gänse bei uns, muss man wissen, waren größer als sonst wo, und wenn sie nach einem Angriff auf einen frechen Jungen schließlich doch das Weite suchten, hatten sie genauso mächtige Flügel wie das Christkind). Und dieses Christkind war so vornehm, dass es nicht viel sprach; wenn es aber sprach, hatte es eine ganz hohe, manchmal sogar piepsige Stimme.

Die Stimme erkannte ich nicht, aber an zwei oder drei aufeinander folgenden Heiligen Abenden fiel mir auf, dass Onkel Ludwig immer schon zur Bescherung da war, während Tante Helene, seine Frau, erst eine Viertelstunde danach erschien, und zwar immer in dem Augenblick, als wir uns zum Karpfenessen hinsetzten. Ich behielt diese Beobachtung für mich, denn mein Bruder war damals noch sehr klein; aber als es wieder einmal soweit war, schmuggelte ich ein paar Tage vorher ein Stück Buchenholz unter den Schrank des Zimmers, das vom dreiundzwanzigsten Dezember an verschlossen war und sich erst am vierundzwanzigsten abends auf ein geheimnisvolles Klingelzeichen hin öffnete. Und in dem Augenblick, als das Christkindchen von uns verlangte, wir sollten erst berichten, wie brav wir gewesen seien, bevor wir Hand an das Spielzeug legten, ging ich mit dem Stück Holz in der Hand und mit der Behauptung „Du bist ja die Helentant!" zum Angriff über. Ich bekam jedoch mit dem Spanischen Rohr, mit dem das Christkind bewaffnet war, so harte himmlische Schläge auf die Finger, dass mir irdische niemals mehr Schmerzen bereiteten, und außerdem begann das Christkind ganz fürchterlich zu schimpfen, und daran erkannte ich, dass es sich wirklich um niemand anders als die Helentant handelte.

Sie kam in Zukunft unverkleidet und am Arme ihres Mannes, des Onkel Ludwig, und es wurde von dem Vorfall nicht mehr geredet; aber ein Jahr darauf hatte jemand den schrecklichen Pelznickel ins Haus bestellt, und das war neben dem lieblichen Christkind die zweite vermummte Gestalt, die bei uns in der Heiligen Nacht umging. Er hatte kein weißes Kleid, sondern einen langen Pelz mit dem Fell nach außen an, und er rasselte mit einer dicken Kette und hielt strenges Gericht. Er nahm mich mit auf den Hof und hängte mich für ein paar Augenblicke mit dem Kopf nach unten in den dunklen, kalten Schacht unseres Schwengelbrunnens. Es war aber der Geselle unseres Nachbarn, des Bäckers Balg, und ich habe ihm dafür später immer die Luft aus dem Fahrrad abgelassen, wenn er es nicht sah.

Nein, zimperlich waren die Menschen bei uns gar nicht. Aber dafür schmeckte auch alles so herzhaft echt; wir wussten ja noch nicht einmal, was Margarine ist. Heute bin ich nun erwachsen und schaue zurück, und ich sehe, dass auch bei uns zu Weihnachten Geschenke ausgetauscht und festliche Speisen gegessen wurden, wie überall in der Welt. Doch ich kann sagen: Das war nicht die Hauptsache. Ich will nicht heucheln und behaupten, Weihnachten habe bei uns ganz im Zeichen der Geburt Christi gestanden – denn wo gibt es das überhaupt noch? –, doch waren unseren Geschäftsleuten die Kniffe der glanzvollen Weihnachtswerbung noch ein Buch mit mindestens drei Siegeln (die da hießen Herkommen, Geruhsamkeit und Respekt vor der Kirche). Wem es gelingt, sich das Kommerzielle wegzudenken, der kann sich vorstellen, wie Weihnachten bei uns war: nämlich sehr gemütlich.

Das Dorf zwischen der blauen Donau und der blonden Theiß, in dem ich aufgewachsen bin, hatte immerhin fast fünfzehntausend Einwohner; aber am Heiligen Abend war es auf den Straßen nach vier Uhr so still, dass man die Eisenbahn fauchen hörte, die ein paar Kilometer weiter durch die offenen Felder fuhr. Und wer hatte diese Stille gemacht? Niemand – sie entstand ganz von selber, es brauchte sich nur kein Mensch mehr zu rühren, und schon war sie da.

Und eine Stunde später brach dann überall das Fest wie ein Wunder ein; denn nach einem langen Jahr Wartezeit war Weihnachten wieder neu, neu wie ein eben geborenes Kind. Das Vorwegnehmen des Erlebnisses durch angebliche Weihnachtsfeiern in den Vereinen, Schulen und Betrieben war völlig unentwickelt, und so war denn jedermann dem Fest ohne vorherige Abstumpfung gegenübergestellt, und nun musste er sehen, was er daraus machte.

Wenn der Abend dämmerte, begannen von den zwei lutherischen, zwei reformierten, der katholischen und der methodistischen Kirche alle Glocken zu läuten. Sie riefen uns zu einem Gottesdienst, der nicht so strahlend war wie der des Ostermorgens, aber feierlicher dadurch, dass draußen die lautloseste Nacht des Jahres auf die lautloseste Erde herabsank und dass die Kirche nur von duftenden Kerzen erleuchtet war. Auf dem Heimweg sahen wir dann schon die brennenden Weihnachtsbäume in den Häusern derjenigen, die nicht in die Kirche gegangen waren. Überhaupt wurden bei uns die Weihnachtsbäume gleich hinter den Fenstern aufgestellt, so dass alle Leute sie sehen konnten. Vielleicht geschah das aus Gefallsucht – denn unsere Menschen waren so –, aber jedenfalls hatte niemand sonderliche Angst, es könnten ein paar Gardinen dabei in Flammen aufgehen. Die Polizei kümmerte sich um solche Sachen durchaus nicht, und wenn es mal irgendwo brannte, dann brannte es eben. Wer weiß, vielleicht wirkte sich da unbewusst die Meinung aus, es sei kein Malheur, irgend etwas am Weihnachtsbaum Feuer fangen zu lassen, und seien es die Gardinen. Außerdem verfügten wir natürlich über eine sehr stramme Freiwillige Feuerwehr; wenn sie am zweiten Weihnachtstage abends mit ihren Blasinstrumenten zum Tanz aufspielte – und damit zugleich die Ballsaison eröffnete –, tanzten vom Hause des Zuckerbäckers Lucchesi bis zur Schnittwarenhandlung Wack alle Fensterscheiben mit.

Auf alle Fälle sahen unsere Straßen mit den geschmückten Tannen hinter den Fenstern bis Heiligdreikönig wie feierliche Alleen aus; erst einen Tag nach Heiligdreikönig wurden die Bäume wieder weggeschafft. Und in der Heiligen Nacht waren sogar die Hunde still; man hörte jeden einzelnen Menschen am Hause vorbeigehen und seine Schuhsohlen im Schnee knirschen. Wir Kinder hatten schon unsere Körbe hergerichtet, mit denen wir am ersten Weihnachtstag gleich morgens, noch vor dem Gottesdienst, zu unseren Paten gingen – die wir „Goden" nannten –, um unsere „Godesach" abzuholen, worunter sich viel wohlschmeckender Lebzelter befand, den man nach den Regeln des Anstandes sogar schon auf der Straße anbeißen durfte.

Im Hause ging es am Heiligen Abend schön her. Vater las die Weihnachtsgeschichte vor, und er las sie immer so, dass wir dabei weinen mussten; auch er selbst bekam das Zittern in die Stimme, wenn er bei der Stelle war, wo die Hirten plötzlich den Engel weithin schallend rufen hörten: „Fürchtet euch nicht! Siehe, ich verkündige euch große Freude …" Dann spielten mein Bruder und ich auf zwei Geigen die alten Weihnachtslieder, und die anderen sangen mit und hatten wieder Tränen in den Augen. Später aßen wir – zuerst gebratenen Karpfen, dann Nüsse mit Honig und noch einiges anderes, wovon ich schon sprach. Nun kamen auch alle die besonderen Bäckereien zum Vorschein, die Mutter schon zwei bis drei Wochen vorher bereitet hatte, damit sie auch richtig durchzögen. Darunter befanden sich vor allem kleine Muskatkuchen, die von ihrem Versteck her seit langem das ganze Haus mit ihrem Duft durchströmt hatten.

Immer war jemand aus der Verwandtschaft dabei, und als dann so gesungen, geplaudert, sinniert und Jahr für Jahr im Radio die Sendung „Deutsche Glocken läuten die Weihnacht ein“ gehört wurde, bekam auf einmal alles Heimweh: nach Deutschland. Dort stammten wir her, von dort hörten wir nun die alten Glocken aus Köln, Ulm, Dresden und Passau, und es war uns auch immer berichtet worden, Weihnachten sei das deutscheste aller Feste. So glaubten wir es denn und waren in der Ferne doppelt ergriffen. Nun aber ist das alles schon lange her, und erst letzte Weihnachten wieder bin ich bei Nacht stundenlang durch die Stadt gegangen und habe Ausschau gehalten nach den erleuchteten Bäumen hinter den Fenstern, aber ich habe keinen gesehen.

Daheim jedoch schlich ich mich immer, wenn der Abend schon fortgeschritten war, für eine Weile hinaus und blieb einfach irgendwo stehen, um zu lauschen, und ich hatte Angst und große Wonne zugleich. Und da sah ich im Geiste die drei Weisen aus dem Morgenlande daherkommen – lautlos, ernst und voll Zuversicht, als suchten sie schon lange etwas und seien doch gewiss, es einst, und wenn auch erst am Ende der Welt, zu finden. Und ich drückte mich gegen die Wand und hielt den Atem an, um sie vorbeizulassen, denn anreden durfte man sie sowieso nicht.

DER ZAUBERKÜNSTLER

VON HUGH WALPOLE

NIEMAND KANN wohl an seine Kindheit zurückdenken, ohne dass ihm die merkwürdige Vermischung von Erlebtem und Märchenhaftem auffallen muss, die diese frühen Erinnerungen wachrufen. Hier die Einzelheit, so scharf und klar, dass sich an ihrer Echtheit nicht zweifeln lässt – die Wand mit den Bildern aus den Weihnachtsheften; die grüne Untertasse aus Porzellan, in der man Kresse und Senf säte; die Eiche, die den Rasen beschützte, mit glitzernden Schneegirlanden behangen; das Gurren der Tauben über der rosafarbenen Gartenmauer – und daneben die seltsamsten Gestalten – Feen, Kobolde, Hexenmeister – und Einbildungen, wie der Kuckuck, der aus der Uhr flog, der chinesische Mandarin vom Kaminsims im Salon, der seinen langen Schnurrbart mit einem batistenen Tuch wischte, und das gefleckte Schaukelpferd ohne Schwanz, das vom Schulzimmer bis zur Eingangstür alle Treppen hinunterpolterte. Was ist Wirklichkeit? Wo fängt das Träumen an? Spricht Pilatus zu ihm: „Was ist Wahrheit?“[3]

---

[3] nach Joh. 18, 38.

Ein solches Rätsel ist mir ein Abenteuer meiner Kindheit, von dem ich noch nie berichtet habe, vielleicht aus Angst, man werde mir nicht glauben. Mag sein, dass mir endlich klar wird, dass das ganze Leben eine Abfolge von rätselhaften Abenteuern ist und jede Begebenheit darin ebenso unwahrscheinlich. Vielleicht bin ich aber auch einfach alt genug, um das Hohngelächter meines Gegenübers nicht mehr zu fürchten. Man hat mich zu oft ausgelacht, und jetzt habe ich mich, wie die Schmeißfliege im Märchen, „an das unverschämte Brummen meines Vetters gewöhnt“[4]. So oder so erzähle ich diese bemerkenswerte Geschichte heute zum ersten Mal, genau so, wie sie in meiner Erinnerung geschrieben steht.

Ich muss damals um die dreizehn gewesen sein. Ich war ein schüchternes, nervöses und gehemmtes Kind – umso mehr als meine älteren Geschwister über gar nichts im Zweifel waren und über meine Kleinmütigkeit spotteten, soweit sie überhaupt an mich dachten.

Sie hatten ja leider Recht: Ich war eine kleinmütige Natur. Ich meinte, es brauche so wenig – ein Wort, einen Blick, das Schließen einer Tür oder das Öffnen eines Fensters vielleicht –, und das Unglück sei geschehen. Der Tag – jeder Tag – war voller Gefahren, in der Schule so gut wie zu Hause. Vater und Mutter liebte ich zwar, aber ich fürchtete sie damals auch. Ich hasste den Ausdruck in den Augen meiner Mutter, wenn sie, obwohl sie mich liebte, zu denken schien: „Kommt denn dieses Kind nie zur Vernunft? Was sollen wir bloß mit ihm anfangen?“

---

[4] Vermutlich Anspielung auf „The Auto-da-Fe“ in den *Ingoldsby Legends* des Reverend R. H. Barham (1788–1845).

Sarah, meine ältere Schwester, ein fröhlicher, bei allen beliebter Wildfang, hatte die Gewohnheit, mich anzuschauen und lachend zu sagen: „Was bist du bloß für ein kleiner Narr!“ – und das war ich wohl auch. Trotzdem hätte sie besser nicht gelacht. Aber sie war in jenen Jahren (wie ich ihr seither vorgehalten habe) so gedankenlos verletzend.

Doch geht es mir hier nicht darum, jemandem Vorwürfe zu machen. Dass ich es nicht anders verdient hatte, bezweifle ich keinen Augenblick. Ich war ein schüchternes, unbeholfenes, wenig einnehmendes Kind – wodurch dieses eine Erlebnis umso mehr heraussticht. Während einiger Jahre meiner Kindheit besaß mein Vater, der Arzt war, eine Praxis im Dorf Gosforth in Cumberland. Von Gosforth waren es drei Meilen zum Meer und gegen sechs Meilen zum See von Wastwater. Das Dorf bestand aus einer einzigen langgezogenen Straße. Man kannte es hauptsächlich wegen seiner Kirche, und die Kirche kannte man wegen des bedeutenden Kreuzes auf dem Friedhof. Dieses Kreuz war eines der ältesten – wenn nicht das älteste – in ganz Großbritannien, und die eingemeißelten heidnischen Figuren machten es noch bedeutender. Altertumsliebhaber besuchten, und besuchen es gewiss noch, in Scharen.

Alles in allem machten das nahe Meer, der See (der dunkelste und geheimnisvollste von allen), den man bequem mit dem Fahrrad erreichte, das seltsame Kreuz und die erhabenen Umrisse des Black Combe am Horizont Gosforth zum idealen Nährboden für die unlogischen Fantasien eines gefühlvollen Kindes.

Wir wohnten in einem winkligen alten Haus, eine halbe Meile vom Dorf entfernt. Zum Haus gehörte ein verwilderter Garten, dahinter lag dichter, undurchdringlicher Wald, und sangesfreudige, geschwätzige, klatschsüchtige, leutselige Vögel gab es dort wie sonst nirgends! Weder Vater und Mutter noch Sarah und Fred – meine Geschwister – waren in der Welt der Fantasie besonders daheim. Während der Ferien – ich besuchte damals die Sedbergh-Schule – wurde jede Minute genutzt. Mein Vater war der Meinung, dass Nichtstun den Kindern schade, und so wurden wir von morgens bis abends beschäftigt. Wir wurden zum Spielen angehalten, und es gehörte zu meinen Nöten, dass ich in gar jedem Spiel eine Niete war. Ganz anders Sarah und Fred, die nichts lieber taten und aus der näheren und weiteren Umgebung Kinder zum Mitmachen einluden. Kinder fanden sich damals leicht. Es war vor der Zeit des unablässigen allgemeinen Herumchauffierens und also auch der leidenschaftlichen, nie befriedigten Unrast. Wir versäumten keine Abwechslung, besaßen aber auch jene kostbarste aller guten Gaben – die Fähigkeit, sich über kleine Dinge mit allen Sinnen unbändig freuen zu können. Es gab kaum etwas, das wir zu unserer Unterhaltung verschmähten.

Das Unglück wollte es, dass keines der Kinder, die zu uns kamen, mich mochte, obwohl meine kindlich einsame Seele nach Zuneigung lechzte. Da waren die Bellishaws aus Uffdale, die Croxtons von „Moor Park“ und die Adderleys aus dem Dorf. Die Adderleys sind wichtig für meine Geschichte, und darum ein paar Worte zu ihnen – vorurteilsfrei, hoffentlich, obwohl ich selbst nach dieser langen Zeit nicht behaupten kann, dass sie mir lieb wären!

Der Pfarrer von Gosforth war Junggeselle und bewohnte ein paar Zimmer am Dorfrand gegen Wastwater. Das Pfarrhaus war groß, weitläufig und alt, teuer im Unterhalt, und darum überließ er es Sir John und Lady Adderley und lebte zufrieden und heiter in einem stickigen Studierzimmer, nebst kleinem, muffigem Schlafzimmer. (Ich sehe ihn noch vor mir, wie er dem Bach nach aus dem Dorf spaziert, den schwarzen Pfarrhut schräg auf dem Kopf, eine gewaltige Pfeife im Mund und ein erwartungsfrohes Leuchten im Auge!)

Die Adderleys mieteten sich also für ein Jahr im Pfarrhaus ein und machten in der ganzen Gegend Furore. Das lag der Familie im Blut; so lärmig, froh, zuversichtlich und überaus selbstsicher, wie sie alle waren. Lady Adderley habe ich als stattliche Frau mit großem, sommersprossigem rotem Gesicht in Erinnerung, und ich sehe sie immer in ihrem riesigen Schlapphut vor mir, mit Gartenhandschuhen und einer mächtigen Schere. Aber wichtig waren eigentlich die drei Kinder – Ambrose, Grace und Samuel. Es müssen sehr herrschsüchtige Kinder gewesen sein. Jedenfalls scheint es mir in der Rückschau, dass sie bei allem die Anführer waren, und das augenblicklich. Ich höre noch den Befehlston, in dem Ambrose kaum war er vor unsrer Tür angekommen, ausrief: „Alle mal herhören! Jetzt spielen wir Krocket, und ich schnapp' mir die rote Kugel!"

Natürlich verabscheuten sie mich gründlich. Sie neckten mich, lachten mich aus und verspotteten mich, selbstverständlich alles ganz harmlos. Sie strotzten einfach von urwüchsiger Gesundheit und mussten ihre überschüssige Energie loswerden. Und da war ich, unbrauchbar bei jedem Spiel und leicht aufzubringen, was für alle ein amüsanter Zeitvertreib war. „Kommt, wir machen Humphrey wild", ertönte ihr anfeuernder Ruf – und ich wurde auch ganz leicht wild!

Das Ende davon war, dass ich mich beim Auftauchen der Adderley-Kinder wann immer möglich davonmachte. Ich versteckte mich im Wald oder schlich die Straße hinauf, und wenn ich dann für den Augenblick keine Verfolgung mehr fürchten musste, ließ ich meiner Fantasie freien Lauf und erzählte mir selber Geschichten oder, was häufiger war, ersann wundersame Katastrophen, bei denen ich den Helden spielte – Feuersbrünste, vor denen ich meine Schwester und die kleine Adderley rettete; Expeditionen, auf denen wir uns im Gebirge verirrten und ich als einziger den Weg wieder fand; oder ein Unglück auf See, bei dem ich durch gewaltige Wellen schwamm, um Hilfe herbeizuholen.

Auf einem dieser einsamen Spaziergänge sah ich Mr. Claribel zum ersten Mal.

Ich habe schon bemerkt, dass ich in der Rückschau nicht mehr sicher sein kann, was wirklich war und was nicht. Bestimmt war es aber ein kalter Wintertag, an dem ein leiser winselnder, einsamer Wind ein paar letzte dürre Blätter in die Luft wirbelte, bevor sie wieder zu Boden sanken. Von dort, wo die Straße einen Bogen machte, sah der bucklige Black Combe – schwarz vor dem weißgrauen kalten Himmel – stirnrunzelnd auf mich herab. Und die Straße herunter kam Mr. Claribel. Ich habe mich nie davon abbringen lassen, dass er herbei*getanzt* kam. Auch das mag Einbildung sein, aber wie klar sehe ich ihn vor meinem geistigen Auge doch tanzen, mit seinem schwarzen runden Hut, dem Schirm in losen Falten, während die kalte, dünne Luft durch die Zweige bebte.

Vor mir hielt er an. Ich hatte ihn nie zuvor gesehen (obwohl er schon seit geraumer Zeit im Dorf lebte) und muss ihn ganz unverschämt angestarrt haben. Er wirkte auf den ersten Blick seltsam, mit seinem kleinen, mageren Körper, den hellen blauen Augen in dem dunklen Gesicht und den langen schwarzen Rockschößen, die hinter ihm herflatterten.

Unser Gespräch (das erste von vielen) verlief ungefähr so:

„Hallo, kleiner Junge, was tust du denn hier?"

„Spazieren, Sir."

„Was – ganz allein? Hast du denn niemanden, der mit dir geht?"

„Ich bin gerne allein, Sir." (Manchmal war ich ziemlich hochnäsig.)

„Gerne allein? Na, na! Das sollte nicht sein, in deinem Alter! Wie alt bist du?"

„Dreizehn und drei Monate."

„Dreizehn und drei Monate – und ganz allein. Wo sind Vater und Mutter?"

„In ‚Grange Hall', Sir. Der Arzt, das ist mein Vater."

„Der Arzt, sagst du? Und hast du keine Geschwister?"

„Doch, Sir. Einen Bruder und eine Schwester."

„Und was machen *die?*"

„Spielen."

„Das solltest du auch tun." Ungefähr da muss er sich ganz nahe vor mich hingestellt und mir forschend ins Gesicht geblickt haben. „Du hast nicht zufällig einen kleinen Hund gesehen?"

„Nein, Sir."

„Es ist ein kleiner brauner Hund, und er heißt Napoleon. Er ist verschwunden. Immer verschwindet er. Aber alles andere ja auch."

Ich erinnere mich ziemlich deutlich, dass er mich darauf fragte: „Kennst du das Geheimnis eines glücklichen Lebens?"

„Nein, Sir."

„Niemals überrascht sein. Nimm alles, wie es kommt. Es hat keinen Zweck, überrascht zu sein, weil ES sich einen Deut darum schert. ES kümmert sich nicht um deine Gefühle."

Er sagte ES mit unheimlichem Nachdruck.

„Meine Güte", sagte er dann. „Hier ist es sehr kalt zum Reden. Hast du deinen Tee schon gehabt?"

„Nein, Sir."

„Dann komm doch und trink ihn mit mir."

So machten wir uns zusammen auf den Weg. Er schlug einen schnellen Schritt an und murmelte manchmal etwas vor sich hin; dann wieder ließ er seinen Schirm fallen, den ich ihm jeweils aufhob, und ab und zu rief er in einem schrillen Diskant: „Napoleon! Napoleon!"

Als wir schon ganz nahe beim Dorf waren, tauchte ein kleiner brauner Hund aus dem Nichts auf. Buchstäblich aus dem Nichts. Es war richtig unheimlich. Da stand er, mitten auf der Straße, ein sehr hübscher kleiner Hund mit lockigem braunem Haar; er wedelte mit dem Schwanz und sah ausgesprochen freundlich aus.

„Wo bist du gewesen?“ fragte Mr. Claribel streng. Aber der kleine Hund hörte nicht hin, jagte bloß einem Blatt nach, mit dem der Wind spielte, und rannte vor uns her, als ob ihn nichts auf der Welt zu kümmern brauchte.

Ich erinnere mich, dass ich Bedenken hatte, von einem völlig Unbekannten eine Einladung zum Tee anzunehmen. Man hatte mich immer davor gewarnt, mit Fremden zu reden oder etwas von ihnen anzunehmen; aber ich sah nicht ein, was ich von diesem Herrn zu befürchten hätte, und wahrscheinlich gefiel mir auch der Gedanke, meiner Familie für einmal nicht zu gehorchen. Sie kümmerte sich ja doch kaum darum, was ich tat, dachte ich!

Wir kamen bei dem kleinen Haus mit einem kargen Vorgärtchen an. An diesem Gärtchen fiel mir eine große Silberkugel auf (wie eine Zauberkugel), die auf einem Steinsockel mitten im Blumenbeet ruhte. Daneben gab es etwas, das eigentlich ein kleiner Springbrunnen gewesen wäre, bloß dass kein Wasser floss, und auf dem Kiesweg lag ein Spielzeug trübsinnig auf der Seite. Alle Einzelheiten dieses Hauses sind mir so gegenwärtig, als ob ich in diesem Augenblick durch die Eingangstür treten würde.

Mr. Claribel und Napoleon gingen voraus. Mr. Claribel half mir aus Mantel und Schal und klopfte mir dabei auf die Schultern. Dann folgte ich ihm in den seltsamsten Raum, den ich je gesehen hatte. Es war ein kleines Zimmer, mit einem munter prasselnden kleinen Kaminfeuer, einer Vase Christrosen im Fenster und einem Tischchen, das für den Tee gedeckt war. Aber das Seltsame daran war, dass es mit den ausgefallensten Sachen vollgestopft war. Ich erinnere mich an Schachfiguren in zweierlei Ausführung, an ein Segelschiffmodell aus Silber unter einer Glashaube, einen großen, getupften Fisch, der an der Wand lehnte, ein Puppenhaus mit bunt glänzenden Miniaturmöbeln, an eine von diesen großen Glaskugeln mit einem blau bemalten Haus drin, die man umdreht, und dann schneit es (ich hab' es versucht, darum weiß ich es), eine karminrote Trommel mit vergoldetem Regimentswappen auf dem Rot, einen Elefanten aus Elfenbein, an eine Spieldose, mit kleinen ländlichen Szenen bemalt (dass es eine Spieldose war, weiß ich, weil sie später für mich erklang), und viele, viele andere Dinge, obwohl ich mich nur an die genannten genau erinnern kann. Ich sah nie ein so überfülltes Zimmer, und doch hatten wir auf wunderbare Weise genau darin Platz: Ich saß auf der einen Seite des Kamins, er auf der anderen, und zu seinen Füßen ruhte Napoleon.

Bald brachte eine alte Dame den Tee, und wir wandten uns dem Tisch zu.

„Ich trinke meinen Tee immer am Tisch", bemerkte er (und ich beobachtete, wie er seine Serviette unter seinem spitzen, kleinen braunen Kinn einsteckte). „Man isst sehr viel mehr. Findest du nicht auch?"

Viel aßen wir an diesem Abend tatsächlich! Es gab feste, köstliche Brombeermarmelade; festen, köstlichen Ingwerkuchen, schwarz wie die Hölle, himmlisch süß, noch feucht in der Mitte; Vollkorn- und Rosinenbrötchen, belegte Brote und heißen Toast mit Butter; dazu Tee aus einem prächtigen alten Teekrug, der mit Rosenblättern und -blüten aus daumendickem Silber verziert war. Ich weiß noch, dass ich mich beim Schlemmen fragte, ob er wohl jeden Tag allein soviel zum Tee aß. Oder ob er jemanden erwartet hatte? Aber wie konnte er wissen, dass er mich treffen würde?

Wie so häufig las er meine Gedanken.

„Ich wusste, dass du zum Tee kommen würdest", sagte er. „Ich hatte Teesatz in meiner Tasse beim Frühstück." Aber das meinte er eigentlich nicht. Er hatte es irgendwie im Gespür. Da war ich mir sicher. Aber, wie konnte das sein ... wenn ich es doch selbst noch nicht wusste!

Bevor ich an diesem Nachmittag wieder ging, stellte er mir alle möglichen Fragen, zum Teil sehr ungewöhnliche. Vielleicht erfinde ich hier aber tatsächlich auch nur. Oder klingt es nicht unglaubwürdig, dass er mich zum Beispiel gefragt haben soll, ob ich Eicheln sammle? Natürlich sagte ich nein. Er schüttelte den Kopf und fand, das sei schade. Er fragte mich auch, ob mir der große Zeh an meinem linken Fuß manchmal weh tue, und ich antwortete, dass das tatsächlich ab und zu vorkomme. Darauf lächelte er und sagte, das sei ein sehr gutes Zeichen, und es freue ihn, das zu hören. Er fragte mich, ob ich gerne lese, und ich sagte ja. Welche Bücher mir denn am besten gefielen? Ich sagte Stevenson, Rider Haggard und Stanley Weyman.[5]

Er sagte, er habe ein Buch für mich, und aus einer Schublade beim Kamin zog er ein schmales, flaches Buch mit verblasstem rotem Einband. Darin waren farbige Bilder, Bilder von erstaunlichen Tieren, Tieren mit zwei Köpfen und lan-

---

[5] Henry Rider Haggard (1856–1925), Verfasser von Abenteuerromanen aus Afrika. Stanley John Weyman (1855–1928) schrieb historische Romane.

gen Schwertern, die ihnen aus der Stirn wuchsen. Es gab auch Karten des Planetensystems, Damen mit Kronen auf dem Kopf, und auf einem Bild war ein großer grüner Baum mit einem riesigen Vogelschwarm. Viele Seiten bestanden auch nur aus Zahlen und den Buchstaben des Alphabets.

„Also, wenn du lernst, was das alles heißt, Humphrey", sagte er, „könntest du dich jederzeit verwandeln in alles, was du willst."

„Das könnte ich?", fragte ich ganz ehrfürchtig.

„In der Tat."

„Und können Sie sich selbst in alles, was Sie wollen, verwandeln?", erkundigte ich mich.

„Oho", antwortete er lächelnd, „eine gute Frage. Aber Napoleon, der kann es sicher."

Danach ging ich nach Hause, nudelsatt und das rote Buch fest eingeklemmt unter dem Arm. Ich war ganz aufgeregt. Ich hatte einen Freund gewonnen. Ich kannte jemanden, den meine Familie nicht kannte. In den folgenden paar Wochen sah ich ihn häufig. Mehrmals bat er mich zum Tee. Und bald hatte ich ihn sehr lieb gewonnen, denn ich war ein gefühlvoller kleiner Junge, der sich nach Zuneigung sehnte. Niemand war je so nett gewesen mit mir. Mein Selbstvertrauen begann zu erwachen. Ich bürstete mir das Haar, wechselte meine Kragen und fing tatsächlich an, eigene Ansichten zu haben und auch zu vertreten.

Dann wurde meine neue Freundschaft natürlich entdeckt. Man sah mich mit Mr. Claribel die Straße hinunterspazieren. Niemand sagte offen etwas dagegen, aber ich wurde fürchterlich aufgezogen. Ich stellte fest, dass Mr. Claribel im

Dorf als völlig närrisch galt. Zwar konnte ihm niemand etwas nachsagen; er war im Gegenteil ein netter, wunderlicher alter Mann, der den Kindern Süßigkeiten schenkte, die alte Mrs. Mumble besuchte, wenn sie mit ihrem üblen Bein im Bett lag, und Mr. Somerthwaite half, als seine Kuh einging. Aber er war seltsam, und das reicht auf dieser Welt, um einen Menschen von seinesgleichen auszuschließen. Als ob wir nicht alle überaus seltsam wären! Und wenn nicht auf die eine, dann gewiss auf die andere Art!

Vor allem die Adderley-Kinder machten sich lustig über meine Freundschaft.

„Mr. Claribel bittet Humphrey zum Tee!“, rief Ambrose aus, und dann alberte er herum als Mr. Claribel mit Rockschößen und lose gefaltetem Regenschirm. Dazu kam, dass mich diese neue Vorliebe noch stärker als vorher von den anderen unterschied. Mr. Claribel war verrückt, und ich mochte ihn, also musste ich auch verrückt sein. Außerdem hatte ich jetzt etwas, das *sie* nicht hatten. Kinder sind grausam, nicht weil sie es wollen, sondern weil sie noch nicht gezähmt sind. So war ich eben ein krankes oder verwundetes Tier der Herde, und die gesunden mussten sich wehren.

Merkwürdigerweise war Mr. Claribel über alles, was sie taten, genau im Bild. Ich musste ihm gar nichts erzählen. „Wenn sie nicht aufpassen“, sagte er eines Tages, „verpasse ich diesen Kindern den Schreck ihres Lebens“, und als er es sagte, sah er vorübergehend richtig gefährlich aus! Dabei hätte niemand freundlicher zu mir sein können als er. Die Geschichten, die er mir erzählte, die Geschenke, die er mir machte (die Schneekugel besitze ich heute noch!), und die Zuneigung, die er mir bewies!

Unterdessen ging es auf Weihnachten zu. Eine Woche vor Weihnachten kam der Schnee. Drei Tage lang schneite es unaufhörlich – richtigen harten Schnee, der die Erde bedeckte und dort blieb. Das ist ungewöhnlich für Cumberland, wo der Schnee selten in den Niederungen liegen bleibt. Nach den Schneefällen war der Himmel ein übers andere Mal strahlend blau. Wir wurden vom Gleißen und Funkeln des Morgenlichts geweckt und schauten durch das Fenster hinaus auf einen Rasen, der so dicht mit Diamanten besetzt war, dass unsre Augen von dem Anblick schmerzten, und nichts brach das jungfräuliche Weiß als die winzigen Spuren der Vögel. Über alles breitete sich eine wundersame Stille. Aus weiter Ferne hörte man Stimmen rufen und Hunde bellen, und die Schatten, die die Tannen auf den Schnee warfen, waren ein tiefes und sanftes Purpur. Auf der Eiche im Garten lag der Schnee so schwer, dass es schien, sie müsse, so stark sie war, nachgeben unter der Last.

Und im Hause welche Aufregung! In jenen Tagen war Weihnachten ein geheimnisvolles Ereignis, eine Zeit fast leidenschaftlicher Vorfreude und glückseliger Erfüllung! Es gab keine Hilfe von außen, bloß ein, zwei Einladungen, einen Weihnachtsbaum für die Dorfkinder. Aber den Stoff der Wirklichkeit mussten wir wie die Seidenraupen aus uns selber spinnen!

Ich erinnere mich, dass in diesem Jahr die Stechpalmen besonders schön waren – voll praller Beeren –, und bald war das Haus geschmückt von der Küche bis zum Dach. Aber die

Hauptsache war das Ersinnen von Geschenken. Geheimnisvolles entstand hinter verschlossenen Türen, wurde in Papier gewickelt und in Schubladen versteckt. Wir Kinder hatten wenig Geld, und der einzige Ort, etwas zu erstehen, war der Dorfladen. Ich besaß alles in allem etwa sechs Schilling, und vier Personen sollten größere Geschenke erhalten, worunter ich etwas wirklich Wichtiges, Unverwechselbares, Aufsehenerregendes verstand. Was es genau war, soll mich niemand fragen. Ich habe es, ehrlich gesagt, völlig vergessen.

Dafür weiß ich noch genau, dass mich gegen Weihnachten die Gewissheit des bevorstehenden Fiaskos zu überwältigen drohte. Dabei wollte ich mich doch diesmal behaupten und allen beweisen, dass ich *auch* etwas galt! Meine Geschenke sollten so besonders sein, dass man mich nicht übersehen konnte. Natürlich waren sie es nicht. Und während die anderen immer geschäftiger, betriebsamer und aufgeregter wurden, schrumpfte ich, wie immer, wenn sich die ganze Familie ereiferte, mehr und mehr zu einem Nichts. Bloß wenn sie einen Botenjungen, Sündenbock oder Handlanger brauchten, dachten sie an mich – mit gutmütiger Verachtung. So kam es mir zumindest vor. Ich bin nämlich sicher, dass ich mir das alles nur einbildete und sie zu beschäftigt, froh und heiter waren, um von mir überhaupt Notiz zu nehmen, oder dann dachten, ich sei ebenso froh und heiter. Aber vielleicht gerade weil meine junge Freundschaft mit Mr. Claribel neue Hoffnungen in mir genährt hatte, empfand ich mich umso schmerzlicher als elenden Versager, mit dem niemand etwas anfangen konnte.

Und das Schlimmste von allem war die Einladung bei den Adderleys. Sie sollte am Heiligen Abend stattfinden – ein rauschendes Fest im Pfarrhaus. Kinder aus der ganzen Umgebung, Abendessen, Spiele und Weihnachtsbaum. Nie litt ich so wie bei den Einladungen der Adderleys, denn nirgendwo wurde ich so gründlich übergangen wie dort. Natürlich war ich selbst schuld daran. Eine große Gesellschaft ließ mich verstummen, und wenn ich einmal etwas sagte, lachte gewiss jedermann über meine Bemerkung. Ich wollte lustig sein, aber das Glück schien mir bei solchen Gelegenheiten einfach immer versagt zu bleiben.

In dem Maß, wie die Stunden vergingen, umwölkte der Gedanke an das Fest bei den Adderleys meinen Blick. In meiner überhitzten Einbildung sah ich mich schon ausgelacht und verspottet, und ich empfand mein Versagen umso bitterer, als es mir doch so leicht fiel, mir auszumalen, wie wunderbar ein Erfolg wäre. Ich sah mich Beifall ernten, hörte das Raunen: „Was für ein begabter Junge! Ein ganz ungewöhnliches Kind!" Nicht, dass ich mich für ungewöhnlich oder begabt hielt, aber wie herrlich, wenn ich ein einziges Mal dafür gelten könnte!

Am Morgen vor Heiligabend war ich abgrundtief unglücklich. Ich trug etwas für meine Mutter und ließ es fallen; ich suchte etwas für meinen Bruder und fand es nicht; mein Vater sagte: „Na komm, Humphrey – wo hast du bloß deinen Kopf?" Mitten am Morgen – es war ein schöner, kristallklarer Tag – entwischte ich, um Mr. Claribel mein Geschenk zu bringen. Nach gründlichem Überlegen und Abwägen meiner Möglichkeiten hatte ich beschlossen, ihm ein Taschenmesser zu schenken. Ein albernes Geschenk, vielleicht; aber es war etwas, das ich nie bei seinen Habseligkeiten bemerkt hatte, und weil ich im Augenblick selbst unbedingt ein Taschenmesser brauchte, war es einleuchtend, dass es anderen ebenso gehen musste.

Das Messer, das ich dann im Dorfladen kaufte (und dafür die Hälfte meiner Schätze opferte), war aus Schildpatt. (Eine Imitation? Ich muss es befürchten, aber damals wusste ich davon nichts.) Es hatte bloß eine Klinge, aber es *glänzte* und es *schnitt,* das probierte ich nämlich aus. Ich war davon sogar derart entzückt, das weiß ich noch, dass ich einen Augenblick schrecklich versucht war, es zu behalten. Aber wenn man ein Geschenk selber behält, das man für jemand anders gekauft hat, zerfällt es unweigerlich zu Staub und Asche, das habe ich inzwischen gelernt. Nein, ich liebte Mr. Claribel, und als ich vor seinem Haus stand, gefiel mir der Gedanke, wie er sich freuen würde. Und wie er sich freute! Er küsste mich sehr förmlich auf die Stirn. Ich verabscheute Küsse, aber diesmal wurde mir warm ums Herz; plötzlich dachte ich an die Party bei den Adderleys, eine klare Vision meiner Unbeholfenheit und Verlassenheit dort stieg in mir auf – und ich brach in Tränen aus!

Der kleine Mann gab alle möglichen Klagelaute von sich, holte den schwarzen Ingwerkuchen hervor und legte mir den Arm um die Schulter, während ich aß; dann gab er mir sein Geschenk, und es war nichts anderes als die wunderschöne Spieldose mit den Bildern. Darüber freute ich mich so, dass ich ihm die Arme um den Hals warf und ihn meinerseits küsste.

Dann fragte er mich, weshalb ich trotzdem so unglücklich sei, und ich sagte es ihm. Es sei das Fest bei den Adderleys. Ich mochte die Adderleys nicht, und ihre Partys seien grauenhaft. Ich wusste, dass ich mich blamieren würde, so dass sich Vater und Mutter für mich schämen müssten und ich mich auf dem Heimweg so elend fühlen würde, dass Weihnachten für mich völlig verdorben wäre.

Er nickte einige Male; dann sagte er: „Jetzt mach dir einmal keine Sorgen. Ich versprech' dir, dass dir der Abend gefallen wird."

Ich schüttelte betrübt den Kopf.

„Wart es nur ab. Ich habe noch nie etwas versprochen, das ich nicht halten konnte. Wart es ab."

Auf wundersame Weise getröstet, rannte ich nach Hause, die Spieldose fest in der Hand.

Als es Zeit war, machten wir uns, vermummt bis zur Nase hinauf und die Hände in dicken Wollhandschuhen, auf den Weg zum Pfarrhaus. Mein Vater leuchtete uns mit seiner Laterne. Vielleicht narrt mich hier wegen der nachfolgenden Ereignisse meine Einbildung wieder, aber rückblickend entdeckte ich in dieser Nacht einen Zauber. Am Himmel prasselten die Sterne, unser Atem zog wie Wolkenfetzen an der Laterne vorüber, und in ihrem flackernden Schein leuchteten sie auf. Im hellen Sternenglanz schimmerte die Luft silbrig, und in diesem Dämmerlicht waren die Bäume und Hecken wie aus weißem Marmor und schienen über die Felder zu gleiten. Es war klirrender Frost, und der Schnee knirschte und wimmerte unter unseren Stiefeln. Manchmal bebte die Luft leise, und ein Hauch Schnee versprühte auf unsern Schultern. Alles zeugte von Weihnachten. Vor dem Haus der alten Miss Mark, weiter die Straße hinunter, sang eine kleine Schar Weihnachtslieder, und ihre Laterne schien der unseren spitzbübisch zuzuzwinkern, als wollte sie sagen: „Was soll das heißen, dass du diesen sterblichen Narren den Weg weist? Willst du nicht lieber in den Teich mit ihnen?“

Alles ohne böse Absicht, natürlich.

Über die Felder drang das perlende Stakkato der Kirchenglocken an unser Ohr. Sie übten für morgen, und ich sah Joe Churcher, mit dem ich gut auskam, am Seil ziehen mit seinem ganzen Gewicht, und daneben den schmächtigen Harry Bone, der so klein und dünn war, auf Zehenspitzen. Da war es jedenfalls, dieses volle, frohlockende, übermütige Geläute, das die weißen, frostigen Felder derart überrollte, dass man meinen könnte, die Glocken seien so außer sich über die frohe Botschaft, dass sie sich überschlugen vor Ungeduld, sie weiterzusagen.

Als wir uns dem Pfarrhaus näherten, kämpfte ich, wie ich noch weiß, mit zwei ganz unterschiedlichen Regungen. Einerseits wollte ich fortlaufen und mich verstecken. Ich trottete am Schwanz unserer Familienprozession, erfüllt, wie schon den ganzen Tag vorausgesehen, von der Gewissheit, vergessen und übergangen zu werden. Ja, bis zu dem Abend hatte meine Familie eine ganz merkwürdige Art, so zu tun, als ob es mich nicht gäbe; aber *nach* diesem Abend hatte sich ihnen meine Existenz für immer eingeprägt! Ich fühlte mich also elend und ausgestoßen aus der Gesellschaft, aber gleichzeitig wagte ich zu hoffen. Ich war ganz sicher, dass Mr. Claribel sein Versprechen halten würde. Wie er das tun wollte, wusste ich natürlich nicht, aber etwas würde geschehen, etwas, das alle in Staunen versetzen musste!

Einmal im Haus, schwammen wir mit dem Strom. Man nahm uns Mantel und Schal ab, wir glätteten unser Haar, zupften unsere Westen gerade und versuchten so erwachsen wie möglich auszusehen. Ich erinnere mich, dass ich beim Betrachten meiner Schwester Sarah zum ziemlich verzweifelten, schmerzlichen Schluss kam, es sei hoffnungslos mit ihr. Sie war keine Schönheit (niemand von uns, leider!), eher plump, und *ewig* hatte sie verrutschte Strümpfe und eine blanke Nase! (Ach, Sarah! Wie wurdest du mir in späteren Jahren lieb! Was gäbe ich doch darum, dich jetzt neben mir sitzen zu sehen!) Ja, ich war damals streng in meiner Kritik, aber aus dem kleinen Kritiker konnte (wie aus so vielen großen) ein freundliches, persönliches Wort einen Bewunderer machen.

Freundliche Worte gab man mir allerdings während der ersten Hälfte des Abends keine. Alles ging so schief wie nur möglich! Wir stolperten in den Salon und standen herum, die meisten von uns mit grollender, verlegener Miene.

Lady Adderley kam, rot im Gesicht und in ein zu enges blassblaues Seidenkleid gezwängt, in unsere Mitte gerauscht und verströmte laute Heiterkeit, um das Eis zu brechen. Der Raum war sehr einladend in seinem Lichterglanz, mit Stechpalmenschmuck über allen Bildern und einem dicken, beerenbeladenen Mistelzweig, der von dem großen Leuchter herabhing, an dem tausend Silbermünzen klirrten, wenn wir uns darunter bewegten.

Das Eis musste also gebrochen werden, darum fingen wir mit einer Stuhlpolonaise an, und kaum hatte der Abend begonnen, machte ich mich auch schon unmöglich. Gerade vor mir tastete sich nämlich eine lange, dünne Dame in einem lästigen Kleid mit Schleppe die Stühle entlang. Sie gehörte zu jenen mittelalterlichen Damen, die bei Kindergesellschaften „jünger sein wollen als die Jüngsten“, und darum packte sie jede Stuhllehne und gab schrille Schreie des aufgeregten Entzückens von sich. Ich war gleich hinter ihr und trat auf ihre Schleppe. Es machte ratsch – dann ein Aufschrei. Die Dame drehte sich um, und einen Augenblick dachte ich, sie würde mich schlagen, so böse sah sie mich an. Aber sie nahm sich zusammen, sagte mit bittersüßem Lächeln, das sei doch nicht der Rede wert, und zog sich zurück, um den Schaden beheben zu lassen.

Natürlich hatten alle gesehen, dass ich schuld war. „Typisch Humphrey“, hörte ich jemanden sagen. Ich befand mich jetzt in der prekären Lage, die wir alle aus Albträumen kennen, wo jeder Schritt gefährlich ist. Eine Bewegung und die Katastrophe schien unausweichlich. Merkwürdigerweise schienen sich alle andern ähnlich unbehaglich zu fühlen. Es drohte eine von den Gesellschaften zu werden, auf die unglückliche Gastgeberinnen ihr Leben lang mit Entsetzen zurückblicken. Gleich schon am Ende des allerersten Spiels gab es Ärger, weil ein fetter kleiner Junge den Sitz des letzten Stuhls umklammert hielt und sich beschwerte, *er* habe gewonnen und nicht der dünne Junge mit den Kaninchenzähnen, der auf dem Stuhlrand saß, als wäre er Casabianca[6]

Andere Anwesende ergriffen Partei. Ein kleines Mädchen sagte, es sei eine Schande. Dann spielten wir Blindekuh, ein gefährliches Spiel, weil es so leicht in eine Rauferei ausartet. Das geschah auch jetzt: Ein großer Junge stieß ein kleines Mädchen um, und es fing laut an zu weinen.

Ja, die Lage war wirklich ernst, und ich sah, wie Lady Adderley sich mit ihrem Gatten beriet. Sie fragte ihn, nehme ich an, ob es nicht besser wäre, rasch zum Ende zu kommen. Ich selbst wurde so gründlich übergangen, dass ich ebenso gut ein einsamer kleiner Geist hätte sein können, für alle unsichtbar. Ich redete mit niemandem. Und niemand redete mit mir. Nie mehr hält das Leben solche Qualen für uns bereit wie die Qualen der Kindheit.

Dann ging die Tür auf. Ein Dienstmädchen erschien, und ich hörte es deutlich sagen: „Mylady – der Zauberkünstler ..."

Ich stand zufällig neben Lady Adderley und sah darum genau den Ausdruck auf ihrem Gesicht. Sie war verblüfft! Offensichtlich hatte sie keinen Zauberkünstler eingeladen, und wenn sie einen in petto gehabt hätte, dann hätte er bestimmt nicht dem Mann geglichen, der jetzt unter der

---

6 Anspielung auf den Helden im Gedicht „Casabianca" von Mrs. Hermans (1793–1835): „The boy stood on the burning deck
Whence all but he had fled;
The flame that lit the battle's wreck
Shone round him o'er the dead."

Tür wartete. Er war groß und dünn, mit einem langen, blassen Gesicht, einer sehr ausgeprägten Hakennase und schwarzem Haar, das steif vom Kopf abstand. Er war ganz in Schwarz gekleidet, und von seinen Schultern fiel ein kurzer schwarzer Umhang. In der einen Hand hielt er einen weichen schwarzen Hut mit hohem Schaft, in der andern einen viereckigen roten Lederkoffer mit glänzendem Messinggriff. Ganz still stand er da, die langen Beine nahe zusammen, völlig regungslos; dünn, aufrecht und stumm wie ein Mast, der auf seine Flagge wartet.

Lady Adderley hatte keinen Zauberer eingeladen – das war klar. Beim Anblick einer Hexe mit Besen hätte sie nicht erstaunter sein können. Ich bin darum sicher, sie wollte protestieren und fragen, wer da ohne Einladung einfach gekommen war. Sie machte einen Schritt vorwärts, dann blieb sie stehen. Lag es an den Augen des Zauberers, die höflich auf sie gerichtet waren, an seiner stillen, selbstbewussten Pose, seinem schwarzen Mantel oder gar dem roten Lederkoffer?

Spürte sie einfach, dass ihre Party vom Misserfolg bedroht war und etwas geschehen musste, um sie zu retten? Oder konnte sie am Ende nicht anders?

Jedenfalls wandte sie sich plötzlich an ihren Gatten, und ich hörte sie sagen: „Das ist jetzt die Überraschung, von der ich dir erzählte, mein Lieber." Und damit ging sie zu dem Zauberer und bat ihn herein.

Ich weiß es nicht sicher, aber ich nehme an, dass in diesem Moment die Stimmung umschlug. Mag sein, dass wir uns alle so freuten über die Überraschung – mit einem Zauberer hatten wir nämlich zuletzt gerechnet! Mag sein, dass wir selbst erschrocken waren über die allgemeine Unruhe und schlechte Laune, die sich unter uns auszubreiten begannen.

Jedenfalls fanden wir uns alle schwatzend, lachend und bestens aufgelegt zu einem großen Kreis, die älteren Leute auf Stühlen und die meisten Kinder mit gekreuzten Beinen am Boden.

Der Zauberer, der eine ernste Natur zu sein schien, weil er nie lachte, trat hervor und stellte sich auf einem dicken purpurfarbenen Läufer vor den Fenstern auf. Lady Adderley schob einen Tisch vor ihn hin, und er legte seinen roten Lederkoffer darauf. Dann – so unvermittelt, dass wir alle zusammenfuhren – zog er, aus den Tiefen seines Mantels anscheinend, einen langen karminroten Zauberstab mit silbriger Spitze hervor. Und jetzt sprach er zu uns, seine Stimme war leise und doch jedes Wort glockenrein.

Er mahnte, wir sollten uns nicht überraschen lassen von dem, was wir sahen; an Wundern gebe es auf dieser Welt eben mehr, als wir uns je träumen ließen, und wir sollten nie sagen, etwas sei unmöglich. Unmöglich erschienen uns gewisse Dinge mit zunehmendem Alter nämlich nur (hier lächelte er zum ersten Mal, und wie ich ihn so anstarrte, war mir, ich kenne dieses Lächeln), weil wir unsere Sinne so fest verschlossen hielten wie er seinen roten Lederkoffer. Wenn uns natürlich daran gelegen sei, uns in einen roten Lederkoffer einzusperren, seien wir selber schuld – aber er wolle doch hoffen, *wir* hätten mehr Verstand. Wir lachten und zweifelten nicht daran.

Dann hob er seinen Zauberstab und begann mit seinen Kunststücken. Es folgte so das Übliche: Er zauberte farbige Papierschlangen aus seinem schwarzen Hut, eine Blume von unter dem Tisch in einen Topf, ein Ei aus seinem linken Ohr und ließ ein Spiel Karten spurlos verschwinden. Ich hörte schon Ambrose, der neben mir saß, murmeln: „Er ist doch bloß ein gewöhnlicher Taschenspieler." Aber dann hielt er inne, kam näher zu uns und musterte uns alle mit seinen durchdringenden schwarzen Augen.

„Sie haben so etwas schon gesehen?" sagte er. „Bitte, dann sehen Sie eben jetzt etwas Neues."

Ein erwartungsvoller Schauder überfiel uns.

„Aber zuerst", sagte er , „brauche ich einen Gehilfen."

Etliche Jungen sprangen auf – dieselben, die noch ihr Leben lang bei solchen Gelegenheiten aufspringen würden.

Aber er schüttelte den Kopf.

„Nein", sagte er. „Es muss der *richtige* Junge sein." Er sah sich prüfend um. „*Den* Jungen hier will ich!" sagte er und nickte in meine Richtung.

Selbst da noch glaubte ich nicht, dass ich gemeint sein könnte! Ich verschwand fast hinter einem fetten Jungen und zwischen zwei dicken Mädchen. Auch der fette Junge glaubte, es gehe ihn an! Mit freudigem Schnaufen erhob er sich.

„Nein", sagte der Zauberer. „Ich will diesen Jungen" – und sein roter Stock zeigte geradewegs auf mich.

Wie sie alle erstaunt waren! Das war der erste Triumph in meinem jungen Leben. Humphrey Porter, an dem niemand etwas finden konnte; Humphrey Porter, der bestimmt alles verpatzen würde! Armer Zauberer! Er würde seinen schweren Irrtum bald einsehen! Aber etwas war sonderbar. So sehr mich sonst die Vorstellung entsetze, vor andere hintreten zu müssen, diesmal kannte ich keine Angst. Ich sehe noch, wie ich unter spöttisch abfälligen Blicken durch die anderen Kinder hindurchkletterte und neben dem kleinen Tisch ruhig darauf wartete, was ich zu tun hätte.

„Danke!", sagte der Zauberer feierlich. „So habe ich es mir vorgestellt."

Dann öffnete er zum ersten Mal den roten Koffer und entnahm ihm eine Anzahl Requisiten, namentlich einige kleine Porzellanuntertassen, ein paar farbige Schächtelchen, eine winzige Pistole, etliche Bauklötze, drei farbige Fähnchen, rot, weiß und blau, eine Mausefalle, eine Silberglocke und eine Spielzeugtrompete. Über das Ganze breitete er ein riesiges weißes Taschentuch. Eigentlich war nur der Grund weiß; ich sah, dass lauter blaue Schiffchen mit vollen Segeln darauf abgebildet waren.

„Zuerst", sagte er, „sollen alle wissen, dass dies ein ganz besonderer Junge ist. Mit einem gewöhnlichen Jungen könnte ich gar nichts anfangen. Ich kann mich glücklich schätzen, einen solchen Jungen gefunden zu haben."

(Hier hätte ich eigentlich die Augen niederschlagen sollen. Aber ich tat es nicht. Ich sah geradeaus und lächelte meiner Mutter zu, die das Lächeln erwiderte.)

„Wie heißt du, mein Junge?" fragte er mich.

„Humphrey", antwortete ich und war irgendwie sicher, dass er das ohnehin schon wusste.

„Jetzt zeigst du deinen Freunden, was du alles kannst!" sagte er.

Gab es etwas, das ich in der nächsten halben Stunde nicht konnte?

Ich bekam die Spielzeugtrompete und blies darauf wie selbstverständlich wunderschöne Melodien – die ersten in meinem Leben! Auf seinen Befehl pfiff ich wie ein Vogel, nein, wie ein ganzer Wald voller Vögel. „Das ist die Drossel", nickte er befriedigt. „Jetzt die Amsel. Und wie steht es mit der Nachtigall?" Ich spitzte die Lippen, und das Lied der Nachtigall erfüllte den Raum.

„Jetzt nimmst du diese Schächtelchen, Humphrey", sagte er, „und wirfst sie in die Luft."

Ich warf sie in die Luft, und, o Wunder, dort blieben sie, schwebten und schillerten in allen Farben in dem silbrig funkelnden Licht. („Wie *das* ging, weiß ich", meinte Ambrose später kühn. „Es kamen unsichtbare Drähte aus dem roten Koffer." Nun, wenn *er* seine Erklärung fand, gut; ich wusste keine.)

Nach Anweisung des Zauberers nahm ich das Silberglöckchen, und ihm entstieg ein wohltönendes Glockenspiel. Ich nahm die Mausefalle, ging damit vor dem Publikum auf und ab und holte eine weiße Maus nach der anderen heraus. Sie rannten mir den Ärmel hoch und liefen über meine Schultern, um wieder in der Mausefalle zu verschwinden. Ich schwenkte die bunten Fähnchen, und sie wurden größer und größer, bis sie bis zur Decke zu reichen schienen.

„Und nun, Humphrey", sagte er und legte mir die Hand auf die Schulter (warum war mir diese Berührung nur so vertraut?), „jetzt sagst du der Dame dort drüben, was sie in ihrem weißen Täschchen hat."

„Die Dame“, sagte ich ohne Zögern, „hat in ihrer Tasche ein kleines weißes Taschentuch, einen kleinen Spiegel mit blauem Rand, eine rosa Nadelbüchse und ein Fläschchen mit Riechsalz mit Kristallstöpsel.“

Kein Wunder, dass dem Publikum der Atem stockte! Die Dame wurde gebeten, ihre Tasche zu öffnen, und darin befanden sich die von mir benannten Gegenstände. (Ich brauche kaum zu erwähnen, dass ich ebenso erstaunt war wie alle andern!)

„Und der Junge da“, sagte er und zeigte auf Ambrose, der mit weit offenem Mund dastand. „Was hat er in seiner Hosentasche? Zur Abwechslung bitte auf französisch“, fügte er beiläufig hinzu. Also erzählte ich Ambrose in perfektem Französisch, dass er in seiner Tasche ein Sahnebonbon, ein Messer mit abgebrochener Klinge, drei Kupfermünzen, eine halbe Krone und eine Schleuder mit sich führte. (Ein merkwürdiges Sammelsurium in einer Eton-Uniform, aber Ambrose war eben sehr raffsüchtig, und erst später erfuhr ich, dass er das Messer seinem Bruder gestohlen hatte und ihm die Schleuder vom Vater verboten worden war. Darum waren Ambrose meine Enthüllungen ziemlich peinlich.)

So ging es weiter, und mit jedem Augenblick wuchs und wuchs mein Triumph! Ich spürte, wie die Wellen immer höher schlugen! Es war, als könnte ich jedem ins Herz sehen und darin lesen, wie stolz meine Eltern waren, wie zufrieden Sarah, und wie allerorten gedacht wurde: „Nun seht einmal an! Ich hätte nie geglaubt, dass in dem kleinen Porter soviel steckt!“

Schließlich kam das Finale. Der Zauberer hielt das Taschentuch mit den blauen Schiffchen in die Höhe und bedeutete mir, meinen Arm zu heben. Ich gehorchte ihm. Und was geschah dann? Wie kann ich es wissen, nach so langer Zeit? Wird ein Mysterium je ganz offenbart?

Ich meinte, den Zauberer in schwindelnde Höhen wachsen zu sehen. Der Raum füllte sich mit sphärischen Klängen, und ich wusste, dass Weihnachten schöner war als jede andere Zeit und keine Weihnacht so schön wie diese; dass hoch über unseren Köpfen ein herrlicher Stern schwebte, und von hoch herab hörte ich den Zauberer mir ins Ohr flüstern, dass sich alle meine Wünsche erfüllen sollten, ich müsse bloß geduldig und ruhig und selbstlos genug sein, dann warte auf mich die ewige Glückseligkeit. Alles Unsinn. Natürlich beherrscht kein Taschenspieler solche Künste. Und doch weiß ich aus späteren Berichten der Anwesenden, dass wir alle, jeder auf seine Art, für einen Augenblick dem Zauber erlagen, an unser Glück glaubten, verwandelt ganz und gar.

„Und damit, verehrte Damen und Herren", sagte er und verbeugte sich, „ist meine kleine Vorstellung zu Ende."

Der Applaus, dieses Lachen und Stimmengewirr! Und während sie noch schwatzten, war er schon fort. Als wir uns nach ihm umsahen, war von ihm nirgends mehr eine Spur – verschwunden war er mitsamt Hut, rotem Lederkoffer und Zauberstab.

Ich blieb natürlich und kostete meinen Triumph aus. Reden wir nicht mehr davon. Ich strahlte und lachte und sagte, mit mir habe das doch nichts zu tun, und ich aß soviel wie noch nie in meinem Leben.

„Wie du uns alle um den Finger gewickelt hast, Humphrey", sagte Mutter auf dem Heimweg.

„Es sind immer die Stillen, die sich plötzlich besonders hervortun", sagte mein Vater.

Ein paar Tage später war ich bei Mr. Claribel zum Tee. Mein Mund blieb nicht stehen; ich erzählte ihm jede Einzelheit dieses traumhaften Abends – und hatte wie schon so oft das Gefühl, er habe alles im Voraus gewusst.

Und dann geschah etwas ganz Unglaubliches! Er nieste und zog sein Taschentuch hervor. Darauf waren blaue Schiffchen mit vollen Segeln auf weißem Grund.

„Aber das ist doch …", rief ich aus.

Er zupfte mich am Ohr.

„Wenn du heute Abend nach Hause kommst, Humphrey", sagte er, „nimm das rote Buch, das ich dir einmal gegeben habe. Wenn du Seite dreiundsiebzig studierst, auswendig lernst und ein wenig übst, kannst du ein sehr guter Zauberer werden. Es ist ganz einfach."

Ich weiß doch nicht. Manchen Tag lang habe ich Seite dreiundsiebzig studiert. Alles zwecklos. Ich kann nicht einmal ein Kaninchen aus einem Hut springen lassen.

Vermutlich reicht ein Buch dazu nicht aus.

STIMMUNGSLOSE WEIHNACHT

VON MIGUEL DELIBES

„SIE LEGTE das Jesuskind nie so hin“, sagte Chelo, während sie sich an den Tisch setzte.

„Das ist doch egal. Dann verrückt es eben. Mir ist es nicht einmal aufgefallen.“

Cati fuhr sich sanft mit den Händen über ihre geröteten Wangen. „Setzt euch“, sagte sie.

Raúl und Tomás unterhielten sich am Kamin.

Chelo meinte: „Mensch, ist doch gleich. Das Kind soll doch bloß im Mittelpunkt sein, oder?“

Als sich Raúl auf dem Ehrenplatz niederließ, knarrte der Stuhl. Elvi lachte am anderen Ende des Tisches.

„Du solltest mit dem Essen Acht geben“, sagte sie. „Ich weiß nicht, wo das sonst hinführt.“

Frutos warf ein: „Warum habt ihr nicht wie in den vergangenen Jahren Feuer gemacht?“

Catis Stimme zitterte ein wenig: „Ich dachte, es wäre nicht kalt“, meinte sie und hob wie zur Entschuldigung ihre schmalen Schultern. „Ich weiß nicht.“

„Sprich doch das Tischgebet“, sagt Toña.

Vom Ehrenplatz aus ertönte Raúls Stimme und dröhnte wie ein Donner: „Ich habe mich am Donnerstag gewogen und nämlich abgenommen. Gib mir den Wein her, Chelo, sei so nett."

Cati sagte: „Wenn ihr wollt, zünde ich das Kaminfeuer an. Noch ist es nicht zu spät."

Der Vorschlag stieß auf allgemeine, lautstarke Ablehnung.

„Willst du nicht das Tischgebet sprechen?", fragte Toña.

Frutos fügte hinzu: „Mir ginge es nur um die Stimmung, kalt ist es ja nicht."

Cati neigte leicht den Kopf und murmelte: „Herr, gib den Hungerleidenden Brot und Hunger denen, die Brot haben." Dann bekreuzigten sie sich.

Elvi meinte: „Was für ein ausgefallenes Tischgebet, Mädchen! Sie hat nie so ein Tischgebet gesprochen."

Rodrigo sah verstohlen nach links zu Cati: „Ich finde es seltsam, sie nicht wie all die anderen Jahre hier an meiner Seite zu haben."

Tomás, Raúl und Frutos unterhielten sich über die Vorzüge des Seat 600 beim Parken in der Großstadt. Raúl sagte: „Auf Landstraßen ist er unbequem, in der Stadt aber ideal."

Chelo hatte feuchte Augen, als sie bemerkte: „Erinnert ihr euch an letztes Jahr? Sie ahnte es voraus, als sie sagte: ‚Wer weiß, ob das nicht das letzte Weihnachtsfest ist, das wir gemeinsam verbringen.' Erinnert ihr euch nicht?"

Das Klappern des Bestecks auf dem Steingutgeschirr unterbrach das angespannte Schweigen. Raúl explodierte: „Seit zwanzig Jahren sagte sie dasselbe. Irgendwann musste es so kommen. So ist das Leben, oder?"

Cati räusperte sich: „Dieses Tischgebet hörte ich einmal Pater Martín sprechen. Es ist schlicht und schön. Mir gefiel es."

Tomás erhob die Stimme: „Da ich nicht gerne schnell fahre, ist es mir egal, ob das Auto groß oder klein ist."

Elvi kräuselte wie immer, wenn sie zu reden begann, ihr Stupsnäschen, und sagte dann: „Raúl hat Brot, aber er sollte Gott lieber darum bitten, ihm keinen Hunger zu bescheren. Sonst weiß ich nämlich nicht, wo das hinführen würde."

Elena reichte die Schüsseln herum. Und als Elvi redete, stimmte sie in das Gelächter der anderen mit ein.

„Nein, danke, meine Liebe, ich will nichts mehr", sagte Frutos mit einer knappen Handbewegung.

Rodrigo lehnte ebenfalls ab. Dann meinte er: „Sie bereitete den Rotkohl anders zu. Ich weiß nicht genau, woran es liegt, aber er schmeckt anders."

Raúl wandte sich an Tomás: „Nun, willst du mir nicht endlich sagen, wo deine Höchstgeschwindigkeit liegt?"

Frutos sagte: „Ohne Kaminfeuer ist für mich nicht Weihnachten, wirklich nicht."

Toña fuhr dazwischen: „Es liegt nicht am Feuer."

Cati beugte sich zu Rodrigo: „Der Rotkohl ist mit etwas Knoblauch gedünstet, genauso wie sie ihn zubereitete."

Elvi kräuselte ihr Näschen: „Ich denke noch immer an dein ausgefallenes Tischgebet, Cati. Ich glaube, dabei gibt es einen Haken. Um die Sache zwischen den Hungernden und denen, die keinen leiden, zu regeln, müssen wir wohl nicht Gott beanspruchen. Es wäre viel einfacher, denen, die Brot haben und keinen Hunger leiden, zu sagen, dass sie den Überfluss an Brot an die Hungernden verteilen sollen. Und alle wären zufrieden, meint ihr nicht?"

Tomás empörte sich ein wenig: „Was soll das mit der Geschwindigkeit. Ich habe kein Bedürfnis, schnell zu fahren, und auf der Landstraße taugt für mich ein Seat 600 ebenso wie ein Mercedes. Das wollte ich sagen."

„Mir kommt es nicht wie Heiligabend vor", sagte Frutos, nachdem er aufmerksam das ganze Zimmer gemustert hatte. „Hier fehlt etwas."

Chelo kniff die Augen zusammen und sah zu Cati: „Cati, Liebe", sagte sie, „Wenn ich dich mit halbgeschlossenen Augen ansehe, so schwarz gekleidet, scheint sie noch immer hier zu sein." Sie neigte sich zu Raúl. „Raúl", fügte sie hinzu, „kneif ein wenig die Augen zusammen – so –, und schau zu Cati. Erinnert sie dich etwa nicht an sie?"

Cati schluckte, Toña schluckte, Raúl schluckte, und das unter Mühen. Schließlich kniff Raúl die Augen zusammen und sagte: „Ja, kann schon sein, dass sie ihr etwas ähnlich ist."

Rodrigo durchkreuzte an Frutos gerichtet das Gespräch: „Lass doch dieses Gerede über die Stimmung. Es liegt nicht an der Stimmung, sondern am Rotkohl. Der Rotkohl ist es und die Meerbrasse. Sie schmecken diesmal anders."

Frutos hob die Augenbrauen. „Woran es liegt, weiß ich nicht. Aber für mich ist heute nicht Heiligabend."

Cati löste nervös, doch unglaublich geschickt den Truthahnflügel aus den Knochen. Dann führte sie das feingeschnittene Fleisch mit der Gabel zum Mund.

Raúl sagte: „Reich mir den Wein rüber, Chelo, mach schon."

Chelo reichte ihm die Flasche, dann erhob sie sich plötzlich, platzierte wortlos das Jesuskind im rechten Winkel zur Langseite des Tisches und sah Cati forschend an: „Und so?"

Elvi meinte: „Gebt euch keine Mühe. Catis seltsames Tischgebet hat alles zunichte gemacht."

Toña rief: „Es liegt nicht am Tischgebet!"

„Aber, aber, seid doch nicht so. Wir müssen bloß noch ein wenig mehr Wein trinken", sagte Raúl. „Die Stimmung kommt von innen."

Und er schenkte Wein in alle umstehenden Gläser.

Frutos stand auf und zog eine Schachtel mit Streichhölzern aus der Tasche. „Warte ein wenig", sagte er, „habt ihr Papier?" Dann ging er zum Kamin.

Chelo sagte zu Toña: „Toña, bitte, kneif doch ein wenig die Augen zusammen – so – und schau zu Cati."

„Lass mich", erwiderte Toña.

Die Flammen züngelten hoch. Frutos richtete sich, eine Hand in die Seite gestützt, auf. Dann rief er, das Feuer betrachtend aus: „Das ist doch etwas anderes, nicht wahr?"

Chelo fügte hinzu: „Ich weiß nicht, ob es wegen der Trauer ist oder …"

Frutos kam zum Tisch zurück, ohne jedoch das Feuer aus den Augen zu lassen.

„Was sagt ihr nun? Gibt das Stimmung oder nicht?"

Ein ausgedehntes Schweigen machte sich breit, das Rodrigo schließlich brach, indem er sich an Cati wandte:

„Hast du Äpfel in den Truthahn gegeben?"

„Natürlich."

Rodrigo zuckte unmerklich mit den Achseln. Frutos rückte seinen Stuhl nach hinten und setze sich wieder, den Blick noch immer auf das Feuer gerichtet. Toña fuhr ihn gereizt an: „Spar' dir die Mühe. Es liegt nicht am Feuer."

Elvi kräuselte ihr Näschen: „Cati", meinte sie, „wenn du ein anderes Tischgebet gesprochen hättest, vielleicht ..."

Ein heiseres Schluchzen war zu hören. Raúl stellte das Glas mit einer jähen Geste auf den Tisch. „Das hat gerade noch gefehlt!", sagte er. „Jetzt heult sie auch noch! Cati, darf man erfahren, was mit dir los ist?"

DER SERAPH UND DER SAMBESI

VON MURIEL SPARK

VIELLEICHT HABT ihr mal von Samuel Cramer gehört, einem Dichter und Journalisten, der mit einer Tänzerin namens Fanfarlo zu tun hatte. Aber wenn ihr nicht von ihm gehört habt, dann schadet's auch nicht, wie ihr schon merken werdet. Zu Beginn des zwanzigsten Jahrhunderts war er in Paris sehr auf der Höhe, und als ich ihn 1946 kennen lernte, war er immer noch auf der Höhe, doch diesmal auf andere Art. Es war der gleiche Mann, aber gemäßigter. Damals zum Beispiel, vor mehr als hundert Jahren, hatte Cramer mehrere Jahrzehnte hindurch in aller Harmlosigkeit darauf bestanden, dass er ungefähr fünfundzwanzig Jahre alt sei. Als ich ihn dagegen kennen lernte, befand er sich offensichtlich in seiner Zweiundvierzigerphase.

Zu jener Zeit besaß er eine Tankstelle, und zwar vier Meilen südlich von Sambesi, wo der Fluss in den Viktoriafällen über Felsklippen stürzt. Cramer hatte ein paar Gastzimmer, in denen er, wenn das Hotel besetzt war, Touristen unterbrachte, die zu den Fällen wollten. Ich wurde an ihn verwiesen, weil ich im Hotel keinen Platz bekommen konnte, denn es war in der Woche vor Weihnachten.

Ich traf ihn draußen vor einer Wellblechgarage an, wo er gerade am Anlasser eines großen, plumpen Mercedes herumprobierte, und auf den ersten Blick hielt ich ihn für einen Belgier aus dem Kongo. Er sah mir teils nördlich, teils südlich aus – hatte helles Haar und eine lederfarbene Haut. Später erzählte er mir, sein Vater sei Deutscher und seine Mutter Chilenin. Dieser Bescheid war es – und nicht so sehr das ‚S. Cramer' über der Gartentür –, der mich auf den Gedanken brachte, ich müsste schon von ihm gehört haben.

Die Regenzeit war sehr dürftig ausgefallen, und in jenem Dezember herrschte eine sengende Hitze. Am dritten Abend vor Weihnachten saß ich auf der Veranda vor meinem Zimmer und blickte durch das zerrissene Drahtnetz des Moskitofensters auf das ferne Wetterleuchten. Wenn die Atmosphäre längere Zeit eine übermäßig hohe Temperatur beibehält, scheint mit den natürlichen Umweltgeräuschen etwas vor sich zu gehen. Der Ton vermag seine übliche Fülle nicht mehr zu tragen, sondern er dringt wie eingezwängt und geknebelt an unser Ohr. An jenem Abend waren die Weihnachtskäfer, die sonst auf jeder Veranda mit lautem „Teck-teck" auf den Rücken fallen, anscheinend mit Stoßdämpfern versehen. Ich sah einen hinfallen, und der leise Aufprall war erst um einen winzigen Zeitbruchteil später vernehmlich. Die Geräusche der kleinen wilden Tiere im Busch klangen auch alle wie vertuscht. Ja, als die Geräusche im Busch alle gleichzeitig abbrachen, wie es häufig der Fall ist, wenn ein Leopard sich nähert, merkte ich erst, dass vorher ein Geräusch da gewesen war.

Das allgemeine erstickte Gesumm wurde von Cramers Sonnenuntergangsgesellschaft übertönt, die am andern

Ende der Veranda ihren Fortgang nahm. Die Hitze verzerrte jedes Wort. Die Gläser ließen ein Klimpern hören, das nicht mehr an Gläsernes erinnerte, sondern an in Seidenpapier gewickelte Flaschen. Manchmal hing ein Schrei oder eine Lache stumpf in der Luft, doch es waren unwirkliche Laute, wie aus einem fernen Land projiziert – wie Taschenlampen im Londoner Nebel.

Cramer kam zu mir auf meinen Verandaanteil und forderte mich auf, bei seiner Gesellschaft mitzumachen. Ich sagte, ich würde gerne kommen, und meinte es ehrlich, obwohl ich auch gern allein gesessen hätte. Eine so beharrliche und heftige Hitze saugt jeden Willen auf.

Fünf Leute saßen in Korbstühlen da, tranken ihren Highball und knabberten gesalzene Erdnüsse. Ich erkannte einen rothaarigen Reiter aus Livingstone, der frisch aus England gekommen war, und zwei von Cramers Gästen, einen Tabakpflanzer und seine Frau aus Bulawayo. Wie es dortzulande Brauch ist, wurden die andern beiden mit ihrem Vornamen vorgestellt. Mannie, ein kleiner dunkler Mann von gedrungenem Wuchs und Gesicht, konnte meiner Ansicht nach ein Portugiese von der Ostküste sein. Fanny, die Frau, zupfte kleine Enden aus ihrem ausgefransten Korbstuhl, und als sie ihr Glas hob, zitterte ihre Hand ein wenig, so dass ihre Armbänder klirrten. Sie mochte etwa fünfzig sein, eine gepflegte Frau und sehr adrett. Ihr graues, leicht blau getöntes Haar säumte als Franse ein Gesicht, das von Malaria zerfurcht war.

Wie man so mit Fremden in jener Gegend die Zeit zu vorbringen pflegt, tauschte ich mit den Tabakleuten die Namen von Bekannten aus, die innerhalb von sechshundert Meilen im Umkreis wohnten, wobei wir die Liste auf gemeinsam bekannte Namen beschränkten. Der Reiter seinerseits steuerte Neuigkeiten aus der Gegend zwischen Lusaka und Livingstone bei. Unterdessen war eine Diskussion zwischen Cramer, Fanny und Mannie im Gange, und Fanny schien den Sieg davonzutragen. Wie es den Anschein hatte, sollte am Heiligen Abend ein Spiel oder ein Konzert aufgeführt werden, an dem die drei teilnahmen. Ein paar Mal hörte ich Worte wie „Engelschar“, „Hirten“, „lächerlicher Preis“ und „meine jungen Mädchen“ – Worte, um die es sich bei der Auseinandersetzung hauptsächlich zu drehen schien. Plötzlich unterbrach sich Fanny mitten im Sprechen, da sie einen vom Reiter erwähnten Namen aufgefangen hatte, und wandte sich an uns.

„Sie gehörte zu meinen jungen Mädchen“, sagte sie. „Ich habe ihr drei Jahre lang Unterricht gegeben.“

Mannie stand auf, um sich zu verabschieden, und bevor Fanny ihm folgte, holte sie eine Karte aus ihrer Handtasche und reichte sie mir mit spitzen Fingern.

„Falls sich eine Ihrer Bekannten dafür interessiert …“ sagte Fanny obenhin.

Während sie mit ihrem Mann wegfuhr, betrachtete ich die Karte und las über eine Adresse etwa vier Meilen stromaufwärts das Folgende:

Madame La Fanfarlo (Paris London)
Tanzlehrerin. Ballett. Tanzsaal.
Auf Wunsch wird für Transportmöglichkeit gesorgt.

Am nächsten Tag stieß ich auf Cramer, der sich immer noch bemühte, die Ursache der Panne am Mercedes zu entdecken.

„Sind Sie der Mann, über den Baudelaire geschrieben hat?" fragte ich ihn.

Mit der Miene schwergeprüfter Geduld blickte er an mir vorbei auf das weite, öde Veldt.

„Ja", erwiderte er. „Was hat Sie darauf gebracht?"

„Der Name Fanfarlo auf Fannys Karte", sagte ich. „Sie kannten sie doch – damals in Paris?"

„Ach ja", sagte Cramer, „aber die Zeiten sind vorbei. Sie hat Manuel de Montaverde geheiratet – also den Mannie. Vor etwa zwanzig Jahren haben sie sich hier angesiedelt. Er hat einen Kaffern-Laden."

Nun fiel mir ein, dass es Cramer im Zeitalter der Romantik beliebt hatte, zwischen der Bestätigung als Dichter und als Literat zu schwanken und solchen Betätigungen entsprechend zu leben.

Ich fragte ihn: „Haben Sie Ihre literarische Laufbahn aufgegeben?"

„Als Laufbahn, ja", antwortete er. „Es war eine Besessenheit, und ich war froh, als ich sie los war."

Er strich über die klobige Kühlerhaube des Mercedes und fuhr fort: „Die größte Dichtung ist Gelegenheitsdichtung: Einfall des Augenblicks."

Wieder blickte er über das Veldt, wo ein unsichtbarer grauer Haubenpapagei „Go'way, go'way!" kreischte.

„Wichtig ist einzig das Leben", schloss Cramer.

„Und verfassen Sie jetzt Gelegenheitsdichtung?" fragte ich.

„Wenn die Gelegenheit es verlangt", sagte er. „So habe ich

gerade ein Weihnachtsspiel geschrieben. Am Heiligen Abend wollen wir es dort drin aufführen." Er deutete auf die Garage, wo ein paar Eingeborene schon dabei waren, Benzinkanister und Autoreifen umzustellen. Da sie weder zu den Schauspielern noch zu den Zuschauern gehörten, ließen sie sich Zeit. Nahebei war ein Stoß Faltstühle abgeladen worden.

Als ich am Vormittag des Heiligen Abends ziemlich spät von den Fällen zurückkehrte, sah ich draußen vor der Garage eine Schar streitender Eingeborener, und mitten unter ihnen Cramer, der laut und wüst fluchte. Er hielt einen zornigen Mann am Hemdsärmel gepackt, während er mit der andern Hand seine Schimpfworte in die heiße Luft malte. Ein paar Missionseingeborene waren hergeschickt worden, um beim Errichten der Bühne behilflich zu sein, und mit ihrem mittelmäßigen Schulenglisch, den gewaschenen Gesichtern und den weißen Drellshorts hatten sie, ohne es zu wollen, Cramers simple zerlumpte Boys gegen sich aufgebracht. Cramers Behandlungsart, die im Wort „Polizei" gipfelte, gelang es dann, sie wieder an die Arbeit zu schicken, wobei sie einander noch immer trommeldunkle Kehllaute zuriefen.

Die Bühne bestand aus Kisten mit darüber genagelten Brettern: Sie befand sich im Hintergrund der Garage, und von dort führte ein Türchen zum Hof, zum Abort und zu den Eingeborenenhütten. Der Raum zwischen Tür und Bühne war durch mehrere an einer Leine aufgehängte schwarze Regierungsdecken abgetrennt worden und sollte das Ankleidezimmer sein. Ich willigte ein, am Abend herüberzukommen, um bei der Beleuchtung, beim Schminken und beim Anstecken der Engelsflügel zu helfen. Die Tanzschülerinnen der Fanfarlo sollten als Engelchor singen und tanzen, während sie selbst als Jungfrau Maria ein Ballettsolo vorführen wollte. Weil ihr Mann nur sehr gebrochen Englisch sprach, hatte er als Hirt eine stumme Rolle bekommen, und drei weitere Hirten waren ihm aus dem gleichen Grund zugeteilt worden. Cramers Rolle war die wichtigste, denn er hatte am meisten zu sprechen, da er der Erste Seraph war. Man war sich einig, dass er die langen Stellen am besten vortragen könne, weil er ja das Stück verfasst hatte. Wie ich hörte, war es aber bei den Proben zu Reibereien gekommen, denn Fanny hatte einen zu großartigen Bühnenaufbau verlangt, den man ihren jungen Mädchen schuldig sei.

Die Vorstellung sollte um acht Uhr beginnen. Ich erschien Viertel nach sieben hinter der Bühne und fand dort die in Ballettröckchen gekleideten Engel mit Flügeln aus verschiedenfarbigem Krepppapier. Die Fanfarlo trug ein langes, durchsichtiges, weißes Gewand mit einem flitterbestickten Oberteil. Ich half gerade den Weisen aus dem Morgenland beim Befestigen der Bärte, als ich Cramer erblickte. Er trug eine Art Toga, ein Gewand aus mehreren Schichten Moskitotüll, die aber nicht dicht genug waren, sondern seine weißen Shorts sehen ließen. Er hatte schon sehr früh die Schminke aufgetragen, und in der zunehmenden Hitze begann sie zu schmelzen.

„Immer werd' ich nervös, wenn es soweit ist", sagte er. „Ich muss noch mal meine Eröffnungsrede üben."

Ich hörte, wie er auf die Bühne stieg und deklamierte. Lauter als die Stimmen der aufgeregten Kinder schlug mir der Rhythmus seiner Stimme ans Ohr. Voller Eifer half ich der Fanfarlo, Schminke auf die Gesichter der Mädchen aufzutragen. Es schien unmöglich. Sobald wir die Schminkstifte auch nur in die Hand nahmen, schmolzen sie schon. Es wurde wirklich ganz außergewöhnlich heiß.

„Macht doch die Tür auf!“ schrie die Fanfarlo. Die Hoftür wurde geöffnet, und eine Schar neugieriger Eingeborener drängte sich um den Eingang. Ich überließ es der Fanfarlo, sie wegzuscheuchen, denn ich wollte irgendwie auf die Vorderseite gelangen, um Luft zu schöpfen. Ich stieg auf die Bühne und überquerte sie schon, als mir rechter Hand eine mächtige Hitzewelle entgegenschlug. Ich blickte mich um und sah Cramer, der offenbar jemanden anfauchte, ungefähr wie am Morgen, als er die Eingeborenen beschimpfte. Doch wegen des Hitzestroms konnte ich nicht näher vordringen. Und wegen der Hitze konnte ich auch nicht gleich erkennen, mit wem Cramer so schalt: Es war eine Art Hitze, die einem auf die Augen schlug. Doch als ich an den vorderen Rand der Bühne trat, sah ich, was drüben stand.

Es war eine lebendige Erscheinung. Das Auffallendste an ihr war ihre Unwandelbarkeit: Sie schien den Gesetzen der Perspektive nicht unterworfen, denn immer blieb sie gleich groß, ob ich näher kam oder mich zurückzog. Und sehr zum Unterschied von andern Lebensformen machte sie einen fertigen Eindruck. Kein Teilchen war in Entwicklung begriffen; den Umrissen fehlte es an jener Wirrnis und Gärung, die doch sonst Merkmale lebender Wesen sind, und gerade das war die Ursache ihrer Schönheit. Die Augen nahmen fast den größten Teil des Gesichts ein und reichten weit über die Backenknochen hinaus. Am Hinterkopf saßen zwei kräftige

Flügel, die von Zeit zu Zeit über die Augen fächerten und dabei einen glühend heißen Luftwirbel hervorriefen. Ein Hals war kaum vorhanden. Unterhalb der Schultern breitete sich ein zweites kräftiges und geschmeidiges Flügelpaar aus, und ein drittes Paar entfaltete sich an den Waden und schien den Körper zu tragen. Die Füße sahen zu zerbrechlich aus, um eine so konzentrierte Daseinsform zu stützen.

In Afrika lebende Europäer fühlen sich meistens unwiderstehlich gedrängt, alles Fremdartige in der Kaffern-Umgangssprache anzureden.

„Hamba!“, schrie Cramer, und das bedeutet: „Geh fort!“

„Geh du jetzt von der Bühne herunter und sei ruhig!“, sagte die Erscheinung friedfertig.

„Wer zum Teufel bist du?“, keuchte Cramer in der heißen Luft.

„Der gleiche wie im Himmel“, kam die Antwort. „Also ein Seraph.“

„Das kannst du anderen erzählen“, schnaufte Cramer. „Seh ich wie ein Esel aus?“

„Nein. Aber auch nicht wie ein Seraph“, sagte der Seraph.

Die Hitze, die der Seraph ausstrahlte, erfüllte die ganze Garage. Cramer lief die Schminke in die Augen, und er wischte sie auf sein Tüllgewand. Er trat zurück, bis zu einer weniger heißen Stelle, und rief von dort aus: „Ein für allemal …“

„Sehr richtig“, sagte der Seraph.

„… ist das hier meine Aufführung.“

„Seit wann?“, fragte der Seraph.

„Von Anfang an“, keuchte Cramer ihm zu.

„Und mein ist sie von Anbeginn“, sagte der Seraph, „und der Anbeginn ist der wahre Beginn.“

Cramer kletterte von der heißen Bühne herunter, blieb mit seinem Seraph-Gewand an einem Nagel hängen und zerriss es. „Hör mal“, sagte er, „ich kann mir einfach nicht vorstellen, dass eine Abnormität wie du ein echter Seraph ist!“

„Sehr richtig“, sagte der Seraph.

Mittlerweile hatte mich die Hitze zum vorderen Eingang getrieben. Cramer trat neben mich. Eine Anzahl Eingeborener hatte sich eingefunden. Die Zuschauer waren schon in ihren Wagen eingetroffen, und die anderen Schauspieler waren vom Hof her um das Gebäude gekommen. Es war wegen der Hitze des Seraphs unmöglich, weit hineinzuschauen, und es war unmöglich, wieder hineinzugehen.

Cramer ereiferte sich immer noch von der Türe her gegen den Seraph, und unter den Neuankömmlingen erhoben sich allerlei Mutmaßungen, welcher von den drei Kategorien die gegenwärtige Schwierigkeit zuzuschreiben sei: den Eingeborenen oder Whitehall oder den Leoparden.

„Das hier ist mein Anwesen“, rief Cramer, „und die Leute haben ihre Plätze bezahlt. Sie sind hergekommen, um sich ein Mysterienspiel anzuschauen.“

„In dem Falle will ich abkühlen“, sagte der Seraph, „dann können sie kommen und sich ein Mysterienspiel anschauen.“

„*Mein* Mysterienspiel“, sagte Cramer.

„O nein – *meins!*“, sagte der Seraph. „Deins genügt nicht.“

„Gehst du jetzt, oder soll ich die Polizei rufen?“, sagte Cramer entschlossen.

„Für mich gibt es keine Wahl“, sagte der Seraph noch entschlossener.

Draußen hatte es sich herumgesprochen, in der Garage sei ein rasender Leopard. Die Leute stiegen wieder in ihre Wagen und parkten in sicherer Entfernung; der Tabakpflanzer ging fort, um sein Gewehr zu holen. Eine Anzahl junger Reiter hatte den Einfall, den rasenden Leoparden mit Benzin zu blenden: Sie hatten ein paar Eingeborene dazu angestiftet, Benzinkanister an der Tanksäule zu füllen und sie von Hand zu Hand bis zur Garage wandern zu lassen.

„Dann ist er erledigt“, sagte einer.

„Das ist recht!“, sagte Cramer von seinem Platz an der Tür. „Gebt's ihm nur!“

„Das solltet ihr nicht tun“, sagte der Seraph. „Dann entsteht ein Brand.“

Die erste Portion Benzin, die in die Hitze geschleudert wurde, loderte auf. Zuerst verbrannten die Sitze. Dann begann sogar die Luft innerhalb der Blechwände zu brennen, bis das ganze Innere ein Feuermeer war. Eine weitere Wagenladung mit Reitern traf ein und ließ sofort von den Eingeborenen leere Kanister mit Wasser füllen. Allmählich löschten sie das Feuer. Etwas weiter straßaufwärts zählte die Fanfarlo ihre Engel. Sie versuchte die Eltern zu beruhigen und gleichzeitig zu beobachten, was vor sich ging, und sie war wütend, dass sie nun nicht tanzen konnte. Einem Engel, dessen Eltern in England waren, knuffte sie derb in den Rücken.

Es dauerte einige Stunden, bis das Feuer gänzlich gelöscht war. Solange die Wellblechwände noch glühten und sich krümmten und aufrollten, konnte man unmöglich erkennen, was mit dem Seraph geschehen war, und als sie nicht mehr glühten, war es zu dunkel und auch zu heiß, um weit genug in die Trümmer hineinzuspähen.

„Sind Sie versichert?“, erkundigte sich einer von Cramers Freunden.

„O ja“, erwiderte Cramer. „Meine Police schließt alles ein – nur nicht höhere Gewalt, und das bedeutet Blitzschlag und Überschwemmung.“

„Er ist hinreichend versichert“, erzählte Cramers Freund einem anderen Freund.

Viele Leute waren nach Hause gegangen, und die übrigen waren im Begriff aufzubrechen. Die Reiter fuhren ab und sangen dabei: „Der gute König Wenzel ...“, und die Missionsboys liefen die Straße hinab und sangen: „Freut euch, ihr wackern Christenleut!“

Es war gegen Mitternacht und immer noch sehr heiß. Die Tabakpflanzer schlugen eine Fahrt zu den Fällen vor, wo es kühl wäre. Cramer und die Fanfarlo schlossen sich uns an, und wir rumpelten über den holprigen Weg von Cramers Garage bis zur Überlandstraße. Dort ist der Fahrdamm nur in Längsstreifen für Autoräder asphaltiert. Wir hörten das Donnern der Fälle, als wir noch etwa zwei Meilen davon entfernt waren.

„Nach all meiner Arbeit für das Spiel und alles Übrige!“ sagte Cramer.

„Ach, hören Sie auf!“ rief die Fanfarlo.

Und gerade da sah ich im Licht unseres Scheinwerfers noch einmal den Seraph, wie er mit etwa siebzig Kilometern Stundengeschwindigkeit den Asphaltstreifen entlang schwebte, wobei zwei seiner sechs Flügel sich geschwind bewegten, zwei sich über sein Gesicht falteten und zwei seine Füße bedeckten.

„Da ist er!", rief Cramer. „Den bekommen wir noch!"

Wir ließen den Wagen in der Nähe des Hotels stehen und folgten einem Treck durch die dichte Vegetation des Regenwaldes, auf den fortwährend die Gischt der Fälle niederstäubt. Der zarte Sprühregen war wie eine Genesung nach der Fieberglut. Der Seraph war weit voraus, und zwischen den Blumen konnte ich erkennen, wie seine Hitze den Gischt in Dampf verwandelte.

Wir kamen zum Rand der Felsklippen, wo uns gegenüber und auf der gleichen Höhe der Fluss mit voller Wucht in die Schlucht hinuntertost. Vom Seraph war keine Spur zu sehen. War er tief unten im brodelnden Abgrund – oder wo sonst?

Dann bemerkte ich, dass über dem eine Meile langen Kamm des Wasserfalles der Gischt höher als sonst aufstieg. Ich hielt es für Dampf, den die Hitze des Seraph hervorgerufen hatte. Ich hatte Recht, denn gleich darauf, beim stummen Flackern des Wetterleuchtens, sahen wir ihn über den Sambesi ziehen, fort von uns, zwischen den Felsen hindurch, die wie Krokodile aussehen, und zwischen Krokodilen hindurch, die wie Felsen aussehen.

Die Glocken von Athos

von Anatol de Meibohm

Seit Stunden kämpft sich die kleine Motorbarkasse in Wind und Regen vorwärts. Schier endlos scheint uns die Fahrt um die Klippen des Heiligen Berges zu dauern. Das Ägäische Meer ist im Winter recht stürmisch. Hier war einst die ganze persische Flotte, die Xerxes zur Eroberung von Griechenland befehligte, untergegangen, an eben diesem Felsen zerschellt. Der Mönch mit dem zerzausten Bart, der gegen die Wogen ankämpft, ist unempfindlich gegen den Regen, der die Sicht nimmt, gegen die Kälte, die durch unsere feuchte Kleidung dringt.

Da hinten, in Westeuropa, feiern sie den Dreikönigstag. Hier aber ist man der byzantinischen Tradition des alten Julianischen Kalenders treu geblieben, und die jetzt beginnende Nacht ist die Weihnachtsnacht.

Endlich läuft die Barkasse in den kleinen Hafen von einem der siebenundzwanzig Klöster ein. Wie eine geheimnisvolle Vision erhebt sich hoch über uns im Schein der Abenddämmerung das riesige Gebäude – mehrere auf einer aus dem Felsen springenden Steinwand errichtete Stockwerke – und ähnelt so von weitem dem heiligen Kloster von Lhasa.

Eine gute halbe Stunde lang steige ich auf einem mit

dicken Steinen gepflasterten Pfade zum Kloster Symonopetra hinauf, wo ich mit den Mönchen das Weihnachtsfest verleben will. Ich bin nicht allein. In einer ununterbrochen schweigenden Kette steigen auch Mönche mit hinauf – alle schwarz gekleidet, alle bärtig, fast alles Greise. Denn heute ist nicht nur das Fest von Christi Geburt, sondern auch das Fest des Klosters Symonopetra, und die Tradition verlangt, dass die Mönche aus allen Klöstern vom Berge Athos sich hier zu dieser Feier versammeln. Selbst die Einsiedler verlassen nur diese eine Nacht und für die Osternacht ihre in den wüstesten Winkeln des Berges verstreuten Hütten und Grotten.

Im Gegensatz zur römischen Kirche feiert die griechische Kirche die Auferstehung mit größerer Pracht als das Weihnachtsfest und behält ihr die Mitternachtsmesse vor. In dieser Nacht wohnen die Mönche also nur einer ‚Agryphia' bei, einer Abendandacht, die gleich beginnt und nicht vor Morgengrauen enden wird.

Endlich trete ich unter das gedrückte Gewölbe eines mittelalterlichen Tores und gelange durch unterirdische, in den Felsen gehöhlte Gänge in den engen Hof des Klosters. Durch eine Dachluke sehe ich in weiter Ferne, etwa sechshundert Meter unter mir, das Meer, das von hier aus spiegelglatt erscheint. Ich trete in die Kirche ein. Ihre Mauern sind mit Fresken bedeckt und so hoch, dass sie sich im Schatten der Gewölbe verlieren. Zwischen den Szenen, welche die großen Feste darstellen, schauen die strengen Gesichter der byzantinischen Heiligen im gelben, zitternden Licht der Kerzen und Öllampen auf uns herab. Unbeweglich wie sie, haben sich die Mönche schon versammelt. Nur ihre langen, weißen Bärte heben sich in dem Halbdunkel ab.

Weihrauchfässer schwingende Diakone schreiten dem in Goldbrokat gekleideten Domkapitel voran, das jetzt durch die Pforte der ‚Ikonostasion' eintritt, durch diese ganz aus Ikonen zusammengesetzte Wand, die den Altar vom Kirchenschiffe trennt. Als letzter nähert sich der majestätische Abt. Er trägt die goldene Tiara; sie schimmert rötlich-gelb von kostbaren Edelsteinen und ist eine genaue Nachbildung jener Krone, die die byzantinischen Kaiser getragen haben. Mitten in der Kirche steht ein sehr altes Bild von Christi Geburt auf einem kleinen Tisch und ersetzt die Krippe, die es bei den Griechen nicht gibt.

Die Diakonen schreiten rings um die Kirche und zur Kuppel hin, wo ein riesiger Christus-Majestas in Freskomalerei die Gläubigen segnet und zu der Weihrauchwolken emporsteigen.

In der andächtigen Stille hört man nur die Silberglöckchen der Weihrauchfässer. Dann sondert sich ein junger Sänger von dem Chor ab, der wie im antiken Theater zweigeteilt ist. Tief verneigt er sich vor dem Abt, und als die Hand des Greises das Zeichen des Kreuzes über ihn gemacht hat, wendet er sich dem Chore zu und schmettert mit sehr hoher Stimme die ersten Worte des Lobgesanges von Christi Geburt: „Die Jungfrau Maria hat heute ein Kind geboren …"

Und jetzt bricht aus dem Dunkel, das ich leer glaubte, der Gesang von zweitausend unsichtbaren Männerstimmen hervor. Es ist die Musik, und es sind die Worte des Heiligen

Romanos, des großen byzantinischen Dichters und Hymnikers der griechischen Kirche, die sie heute Abend singen und die sie die ganze Nacht über singen werden, dieselbe Musik, dieselben Worte seit mehr als sechzehn Jahrhunderten. Hier ist Byzanz nicht tot, hier ist die Zeit nicht stehen geblieben – denn für die Menschen, die hierher kommen, um die Ewigkeit in der geistigen Abgeschiedenheit des Berges Athos zu suchen, existiert die Zeit nicht mehr.

Lautlos verlasse ich die Kirche. Die Winternacht ist eisig. In dem geräumigen Gästezimmer, das mir zugewiesen wurde, flammt ein großes Feuer. Einige Mönche sind hier geblieben, um mir in dieser durchwachenden Nacht ‚freundlich Gesellschaft' zu leisten. Schnell sind die Gläser mit dem guten, schweren Athos-Wein, den die Mönche selbst keltern, gefüllt. Einer nach dem anderen erheben die Mönche ihr Glas: „Kala christougneme!" Und ich wiederhole: „Frohe Weihnacht!" Dort in der Kirche – das ist Byzanz, und die Krone des Abtes schimmert im Kerzenschein wie einst die wirkliche Krone der verschwundenen Kaiser.

Einer der Mönche singt halblaut Weihnachtslieder seiner Heimat, einer in der Weite des ägäischen Meeres verlorenen Insel. Ein anderer erzählt Geschichten aus den dunklen, aber schon vergessenen Tagen des Krieges und der Besetzung. „Gloria in excelsis Deo et in terra pax ..." Der Krieg erscheint als etwas so Unmögliches in dieser Nacht des Friedens, in diesem Lande des Gebetes ...

Die Morgendämmerung naht. Und plötzlich beginnen alle Glocken des Klosters zu läuten. Die Weihnachtsnacht ist zu Ende. Durch das offene Fenster dringt das leichte Gebimmel, strömen die schweren Klänge der Glocken von siebenundzwanzig Klöstern herein, in denen zweitausend Männer leben und beten, in diesem Erdenwinkel, in den seit mehr als tausend Jahren keine Frau ihren Fuß gesetzt hat, denn sie haben ihn der Jungfrau Maria vorbehalten.

Ich will in die Kirche zurückkehren. Aber die Mönche heben noch immer ihre Gläser: „Kali patrida", gute Heimkehr in dein Vaterland …

Und die Glocken von Athos läuten die Weihnacht.

Fröhliche Weihnachten oder Das Wunder von Striegeldorf

von Siegfried Lenz

Vieles hat sich unter Weihnachten in Masuren ereignet, weniges aber kommt an Merkwürdigkeit gleich jenem Vorfall, den mein Großonkel, ein sonderbarer Mensch mit Namen Matuschitz, auslöste. Ich möchte davon erzählen auf jede Gefahr hin.

Heinrich Matuschitz, ein fingerfertiger Besenbinder, hatte sich an einem fremden Motorrad vergangen und war für wert befunden, einzusitzen für ein halbes Jahr. Er saß zusammen mit einem finsteren Menschen mit Namen Mulz, der ein alter Forstgehilfe war und dem die Wilddiebe, hol sie der Teufel, zwei Frauen nacheinander von der ehelichen Seite fortgefrevelt hatten, woraufhin Otto Mulz, in gewalttätigem Kummer, den ganzen Striegeldorfer Forst anzündete. Gut. Die Herren leisteten sich rechtschaffen Gesellschaft in ihrer Zelle, beobachteten die berühmten Striegeldorfer Sonnenuntergänge, plauderten aus ihrem Leben, und derweil taten Wochen und Monate das, wovon sie scheint's niemand abbringen kann: Sie strichen ins Land, rückten vor, diese Monate bis zum Dezember, brachten Schnee mit, brachten Frost, bewirkten, dass das schmucklose Gefängnis geheizt wurde, taten so, was man von ihnen erwartet. Insbesondere aber brachten sie näher gewisse Termine, und mit den niederen Terminen auch den Obertermin sozusagen: den Heiligen Abend nämlich.

Nun fällt es einem Masuren schon schwer genug, auf die Annehmlichkeiten der Freiheit im Allgemeinen zu verzichten, furchtbar aber wird es, wenn man ihn zu solchem Verzicht auch am Heiligen Abend zwingt. Demgemäss wandte sich Heinrich Matuschitz, mein Großonkelchen, an seinen Zellenbruder, sprach ungefähr so: „Der Schnee, Otto Mulz", so sprach er, „kündigt liebliches Ereignis an. Nimmt man den Frost noch hinzu und das Gefühl im Innern, so muss der Heilige Abend nicht weit sein. Habe ich richtig gesprochen?"

„Richtig", sagte der alte Forstgehilfe.

„Also", stellte mein Großonkelchen befriedigt fest. Dann starrte er hinaus in den wirbelnden Flockenfall, sann, während er sich am Gitter festhielt, ein Weilchen nach, und nachdem ein neuer Gedanke ersonnen war, sprach er folgendermaßen:

„Das Ereignis", so sprach er, „das liebliche, es steht bevor. Jedes Wesen in Striegeldorf und Umgebung ist angehalten, sich zu freuen. Die Menschen sind angehalten, die Hasen, die Eichhörnchen, und schon gar nicht zu reden von den Kindern. Nur wir, Otto Mulz, sollen gebracht werden um unsere Freude. Weil sich aber jedes Wesen zu freuen hat an diesem Termin, müssen wir ersinnen einen Ausweg." – „Man will uns", sagte der alte Forstgehilfe, „die Freude stehlen." „Eben", sagte Heinrich Matuschitz, mein Großonkel. „Aber wir werden uns, bevor es dazu kommt, die Freude besorgen, und zwar da, wo sie allein zu finden ist: in der Freiheit. Wir werden uns zum Heiligen Abend beurlauben."

„Das ist, wie die Dinge liegen, gut gesagt", sprach Mulz. „Nur wird der alte Schneppat uns nicht bewilligen solchen Urlaub zur Freude. Unter den Aufsehern, die ich kenne, ist Schneppat der Schlimmste. Man wird uns, schlickerdischlacker, gleich wieder schnappen, zumal durch meine persönliche Feuersbrunst verlorengegangen sind die schönsten Verstecke im Walde." Bei diesen Worten wies er mit ordentlicher Bekümmerung auf die traurigen Baumstümpfe, die vom Striegeldorfer Forst nachgeblieben waren.

Das Großonkelchen indes gnidderte, das heißt: lachte versteckt, legte dem Otto Mulz einen Arm um die Schulter, winkte sich sein Ohr ganz nahe heran und sprach:

„Uns wird", so sprach er, „überhaupt niemand vermissen, kein Schneppat und niemand. Denn wir werden zurücklassen unser Ebenbild. Wir werden hier sein und nicht hier."

Was Otto Mulz dazu brachte, mein Großonkelchen zuerst erstaunt, dann misstrauisch und schließlich mitfühlend anzusehen und nach einer Weile zu sagen:

„Manch einen, Heinrich Matuschitz, hat große Freude schon blöde gemacht. Denn erkläre mir, bitte schön, wie ein Mensch gleichzeitig sein kann bei dem lieblichen Ereignis in der Freiheit und hier in der Zelle."

Obwohl diese Worte, man wird es zugeben, nicht unbedingt höflich waren, verlor das Großonkelchen weder Faden noch Geduld, sondern begann mit listigem Lächeln zu flüstern, und zwar flüsterte er dermaßen vorsichtig, dass nicht einmal etwas für diese Erzählung erlauscht werden konnte.

Sicher ist nur, dass er damit den Otto Mulz, sei es überredete, sei es überflüsterte; denn das finstere Gesicht des alten Forstgehilfen hellte sich auf, spiegelte Teilnahme, spiegelte Begeisterung, und zuletzt spiegelte es – na, sagen wir: Verklärung.

Und dann begab sich Folgendes: Heinrich Matuschitz, mein Großonkel, aß kein Brot mehr – ebenso wenig aß es sein Zellenbruder; und jede Ration wurde unter dem Bett versteckt, wurde gestreichelt und gehütet, während das liebliche Ereignis unaufhaltsam heraufzog. Die einsitzenden Herren wurden, je näher das Ereignis kam, unruhiger, gespannter und flattriger, man plauderte nicht mehr aus dem Leben, fand keine Zeit zu müßiger Beobachtung, alles an ihnen war nur noch eingestellt in Richtung auf das Kommende und auf das, was zwischen ihnen geflüstert war.

Und eines Morgens, nachdem der Frost sie muntergekniffen hatte, erhob sich Heinrich Matuschitz und gab preis, was er so sorgfältig auch vor uns verborgen gehalten hatte: Fingerfertig, wie mein Großonkelchen war, zog er das gesparte Brot unter dem Bett hervor, benetzte es auskömmlich und begann, weiß der Kuckuck, aus dem weichen Brot den Kopf des alten Forstgehilfen zu kneten. Walkte und knetete mit einem Geschick, dass sich dem Otto Mulz die Sprache versagte; zog eine Nase aus, das Großonkelchen, klatschte eine Stirn zurecht, schnitt zwei Lippen in den Teig – und alles haargenau nach dem Original des Forstgehilfen. Lachte dabei und sprach:

„Der wird", sprach er, „Otto Mulz, genau wie du. Hoffentlich steckt er nur keinen Forst an."

„Mir wird es“, sprach Mulz, „unheimlich zumute. Obwohl ich weiß, Heinrich Matuschitz, dass du manches kannst schnitzen mit deinem Messer, wusste ich doch nicht, dass du einen Striegeldorfer formen kannst nach seinem Ebenbild.“

Dann sah er atemlos zu, wie Ohr und Kinn entstanden, und zuletzt hielt er zitternd still, als ihm das Großonkelchen ein paar Haare absäbelte und sie an den Brotkopf klebte.

„Pschakrew“, sagte der Forstgehilfe, „wenn ich schon früher so doppelt gewesen wäre, dann hätte einer von mir zu Hause bleiben können: Die Wilddiebe hätten sich nicht rangetraut, die Frau wäre mir geblieben, ich hätte den Forst nicht angezündet und brauchte hier nicht zu sitzen. Wenn ich, pschakrew, das alles gewusst hätte.“

Nachdem der Kopf des Forstgehilfen fertig war, fabrizierte mein Großonkelchen sich selbst, und weil das Brot nicht hinreichte, nahm er zur Ausbildung des Hinterkopfes einige Pfefferkuchen, die ihnen, da das liebliche Ereignis unmittelbar bevorstand, hereingeschoben worden waren.

Kaum war er fertig damit, als die Klappe in der Tür fiel und Schneppat, der kurzatmige Aufseher hereinschaute zum Zweck der Kontrolle. Er schaute wichtigtuerisch, dieser Mensch und zum Schlusse fragte er in seiner böhmischen Besorgtheit: „Na“, fragte er, „was wünschen sich die Herren zum Heiligen Abend?“

„Schlummer“, sagte mein Großonkelchen prompt. „Wir möchten bitten das Gesetz um langen, ungestörten Festtagsschlummer.“

„Könnt ihr haben“, sagte Schneppat. „Aber da ich nicht hier bin, werd’ ich es Baginski sagen, dem Aufseher aus

Sybba. Er löst mich ab für zwei Tage. Wer schlummert, sündigt nicht." Damit ließ er die Klappe herunter und empfahl sich.

Seine Schritte waren noch nicht verklungen, als Heinrich Matuschitz die Brotköpfe hervorholte, sie auf die Pritschen legte, die Decken kunstgerecht hochzog und überhaupt einen unwiderlegbaren Eindruck hervorrief von zwei Herren im Festtagsschlummer. Wehmütig standen sie vor ihren Ebenbildern, ergriffen sogar, und dann sagte das Großonkelchen vor seiner Büste.

„Ich grüße dich", sagte er, „Heinrich Matuschitz auf der Pritsche. Gott segne deinen Schlummer."

Etwas Ähnliches sprach auch der alte Forstgehilfe, und nachdem sie Abschied genommen hatten von sich selbst, hoben sie das Gitter ab und verschwanden durchs Fenster in Richtung auf das liebliche Ereignis.

Dieses Ereignis: Es wurde angesungen von den Zöglingen der Striegeldorfer Schule, wurde von Glöckchen verkündet, vom Geruch gebratener Gänse, und ehedem hatte sich an der Verkündung auch der Wind im Striegeldorfer Forst beteiligt.

Mein Großonkelchen und Otto Mulz, sie gingen mit sich zu Rate, wie sie das liebliche Ereignis ihrerseits am besten verkünden könnten, und nach schwerer Grübelarbeit beschlossen sie, es durch Gesang zu tun, mit den Zöglingen der Striegeldorfer Schule. Während des Gesanges schon wurden sie teilhaftig der Freude, obwohl die Oberlehrerin Klimschat, die das Singen befehligte, Mühe hatte, die Herren einzustimmen: Bei jedem Mal, da sie die Stimmgabel anschlug, lauschte sie verwundert und sprach: „Mir kollert, pschakrew, ein Tönchen nach dem andern von der Gabel runter."

Na, aber da sie von mitfühlendem Wesen war, ließ sie die Herren singen, und nach dem Gesang gingen diese zu meinem Großonkelchen nach Hause, wo neue Freude bezogen wurde, aus gebratenem Speck, aus geräuchertem Aal und natürlich aus dem lieblichen Schein der Talglichter. Bezogen so viel Freude, die Herren, dass sie wieder ins Singen verfielen, sangen von dem lieblichen Ereignis, und nach abermaligem Essen suchten die Herren auf dem Fußboden nach einem Festtagstraum.

Träumten angenehm bis zum nächsten Tag, lächelten sich innig zu beim Erwachen und stellten fest, dass man nicht bestohlen worden war um rechtmäßige und zustehende Freude. Und nach solchen Versicherungen beschlossen sie, zurückzukehren in das ansprechende, wenn auch schmucklose Gefängnis, um unnötige Schwierigkeiten zu vermeiden. Machten sich also auf, die beiden, und gelangten alsbald zum Ort ihrer Bestimmung, der bewacht wurde von dem Aufseher Baginski aus Sybba. Dieser Mensch jedoch, wachsam wie er war, entdeckte die Herren, als sie in der Dämmerung durchs Fenster steigen wollten, rief sie drohend an und kommandierte:

„Der Unfug", kommandierte er, „hat in diesem Haus zu unterbleiben, zumal Weihnachten. Alle Personen zurück."

Worauf mein Großonkelchen entgegnete:

„Wir fordern nicht gerade, was recht, aber was billig ist. Wir gehören hierher. Wir sind, wenn ich so sagen darf, wohnberechtigt."

Baginski lugte durch das Fenster, äugte eine ganze Zeit hinein, und dann sprach er:

„Die Betten, wie man sieht, sind besetzt. Die Herren schlummern. Da sie sich ausbedungen haben den Schlummer zum Festtag, hat jede Störung zu unterbleiben."

„Ein Irrtum", sagte Otto Mulz, dem die Kälte zuzusetzen begann. „Ein reiner Irrtum, Ludwig Baginski. Die Herren, die da schlummern, sind wir."

„Wir möchten", ließ sich mein Großonkel vernehmen, „die Schlafenden nur austauschen gegen uns."

Ludwig Baginski, der Aufseher, blickte düster, blickte zurechtweisend, schließlich sagte er: „Meine Augen", sagte er, „sie sehen, was nötig ist. Und hier ist nötig Ruhe für zwei schlummernde Herren. Also möchte ich bitten um das, was gebraucht wird zur Erhaltung des Schlummers: Stille nämlich."

Stellte sich, weiß Gott, gleich ziemlich drohend auf, dieser Ludwig Baginski, und zwang die Herren, abzuziehen. Nun, sie zogen davon bis zu den Baumstümpfen des ehemaligen Striegeldorfer Forstes, stellten sich zusammen, und da sie diesmal keinen Grund besaßen zu flüstern, vernahm man Otto Mulz folgendermaßen:

„Napoleon", so vernahm man ihn, „hatte es schwer auf seinem Weg nach Russland. Verglichen mit unserer Schwierigkeit, war seine ein Dreck."

„Man müsste", sagte Heinrich Matuschitz, „etwas ersinnen."

„Mäuse", sagte der alte Forstgehilfe. „Wir werfen Mäuse in das Zellchen, sie werden unsre Köpfe wegknabbern, und wenn wir nicht mehr da schlummern, wird man uns wieder reinlassen, und wir können in Ruhe abbrummen die letzten Wochen."

„Auch die Mäuse, Otto Mulz, sind zu dieser Zeit angehalten zur Freude. Sie finden mehr als genug. Nein, wir müssen warten, bis Ludwig Baginski sich niederlegt zur Ruhe. Dann werden wir's noch einmal versuchen."

Und das taten die Herren. Sie warteten frierend im ehemaligen Stiegeldorfer Forst, und als die Stunde gut war und günstig, schlichen sie zum Gefängnis, stiegen diesmal unbemerkt ein, als die Klappe in der Tür fiel und der Aufseher Baginski argwöhnisch hereinsah.

Es durchfuhr ihn, er grapschte in die Luft und taumelte zurück, und als die Benommenheit sich legte, rannte er nach dem Schlüssel, rannte zurück und schloss auf. Was er sah, es waren zwei blinzelnde Herren, die auf ihren Pritschen lagen.

Aber Baginski gab sich nicht zufrieden, respektierte keinen Schlummer und keinen Festtag, sagte stattdessen: „Meine Augen, sie sehen, was zu sehen ist. Und sie haben in diesem Zellchen erblickt vier Herren, statt zwei. Demnach möchte ich bitten um Aufschluss über die zwei andern."

„Wir haben, wie gewünscht, angenehm geschlummert", sagte Mulz.

„Aber es waren vier, wie meine Augen gesehen haben."

Darauf sammelte sich mein Großonkelchen und sprach:

„Wenn ich mich, Ludwig Baginski, nicht irre, geschehen zu diesem Termin Wunder auf der ganzen Welt. Warum, bitte sehr, sollte Striegeldorf verschont bleiben von solchen

Wundern? Besser, es geschieht ein Wunder als gar keins. Habe ich richtig gesprochen, Otto Mulz?“

„Richtig“, bestätigte der alte Forstgehilfe, und die Herren wickelten sich jeder in sein Deckchen und wünschten sich „Gute Nacht“.

Das kugelrunde Jesuskind

von Eva-Maria Kremer

Padre Alfonso steigt aus seinem Landrover. Er blickt in den bewölkten Himmel der Kordilleren. Einsame Weihnachten, in die sich die Nacht mit blauen Nebelschwaden herabsenkt. Um acht Uhr muss er in der Nachbargemeinde sein. Dort warten 5000 Menschen auf ihn. Auch sie wollen ihren Weihnachtsgottesdienst.

Er ist ein Priester für 80000 Menschen.

Was kann er schon viel tun? Taufen. Für die Messe bei einer Fiesta sorgen. Beichte hören. Gemeindeaufbau? Das war ihm bisher nicht gelungen. „Padre, das war hier immer so", hatte Roberto ihn getröstet. „Die Leute wollen es nicht anders. Die Händler beuten die Armen aus. Und die Armen trauen einander nicht. Da wird der Mensch des Menschen Wolf."

Menschwerdung! Denkt der Priester. Die Menschen hier durften nicht die Erfahrung machen, dass mit dem Kommen Jesu die Fülle des Lebens angebrochen ist. Ein heftiger Wind tut sich auf. In der Dunkelheit wird das Fahren auf der schlechten Straße eine Qual. 24. Dezember, geht es dem Priester durch den Kopf. Martina kommt ihm in den Sinn, die immer noch hofft, dass der Vater ihres Kindes bald heimkommt.

Es fallen ihm Sätze ein, die er am Morgen gelesen hat: „Es bleibt immer ein Unterschied zwischen den wirklich Armen und jemandem, der sich arm gemacht hat. Hinter einem Menschen, der sich mit den Armen solidarisiert, fällt die Tür nie zu. Für den wirklich Armen war sie nie offen."

Der Landrover schaukelt, beißt sich in der löchrigen Straße fest. Wenn das so weitergeht, werde ich es nicht rechtzeitig schaffen, denkt der Priester, während er auf die Uhr schaut. Immer noch die alte Gewohnheit. Dabei wird die Zeit hier anders gemessen. Aussaat und Ernte, viele Fiestas, Leben und Tod. Als hätten sich alle bösen Geister gegen ihn verschworen, wird der Himmel tiefschwarz. Die Tropfen werden dick und dicht. Die Straße verwandelt sich mehr und mehr in Morast.

Und dann sieht er sie.

Zwei Menschen im Gewitter gegen einen Felsen gelehnt. Der Priester drückt auf die Bremse. Wind und Regen peitschen ihm ins Gesicht, als er das Auto verlässt. Die Kälte dringt durch seinen Anorak hindurch. Das Elend in den Tropen ist schlimm, denkt er, das in der Kälte erbarmungslos.

Zwei Menschen am Wegrand. Im Schein der zuckenden Blitze erkennt der Priester, dass es sich um einen Mann und eine Frau handelt. Die Frau liegt im Schlamm. Der Mann hält etwas in seinen violetten Poncho gewickelt.

Das kann doch nicht wahr sein!

Eine Geburt in der Kälte und Einsamkeit? Das Kind im Poncho wimmert. Der Mann zittert vor Kälte, und die Frau im Schlamm stöhnt leise.

„Wir haben es nicht mehr erreicht", sagt der Mann. „Wir wollten zur Krankenstation. Ein Kind ist uns schon gestorben. ‚Die Schwestern werden uns helfen', sagt die Frau. Aber jetzt der Wind, das Gewitter ..."

„Schnell in den Wagen!"

Der Priester hilft der Frau aus dem Schlamm. Er bettet sie auf den hinteren Sitzen. Der Mann mit dem Kind setzt sich neben ihn.

Für Fragen bleibt keine Zeit. Der Priester muss auf die Straße achten. Aber der Regen hört so plötzlich auf, wie er gekommen ist.

„Wie heißt du?", fragt er den Mann, als sie sich der Nachbargemeinde nähern.

„José"

„Dann sag nur noch, dass deine Frau Maria heißt."

„Nein. Sie heißt Vicenta. Sie ist eine gute Frau."

„Die am Heiligen Abend im Gewitter der Kordilleren das Jesuskind geboren hat", fügt der Priester hinzu. Der Mann versteht nicht.

„Wir haben Weihnachten", sagt der Priester.

„Ich weiß", schaltet sich die Frau mit schwacher Stimme ein. Über ihr schlammverschmiertes Gesicht huscht ein Lächeln.

„Was ist mit dem Kind?", fragt sie.

„Alles in Ordnung. Dein Mann hat sich im grellen Schein der Blitze als gute Hebamme bewährt."

„Wenn du nicht mit dem Auto gekommen wärst ..."

„Hätten wir heute kein Jesuskind."

„Jesuskind?"

Der Mann schlägt den Poncho enger um das wimmernde Wesen.

„Ich meine, was ich sage. Dieses Jesuskind wurde im nackten Elend geboren. Dagegen war der Stall zu Bethlehem noch ein Palast“, sagt der Priester.

„Dann soll er Jesus Maria heißen“, sagt der Mann.

„Jesus Maria“, wiederholt seine Frau.

Die Schwestern der Krankenstation sind nicht wenig erstaunt, dass der schon lang erwartete Priester das Jesuskind gleich mitbringt.

Die fragen nicht. Sie handeln. Frau und Kind werden gewaschen und liegen bald im warmen Bett. Der erbärmlich frierende Mann bekommt heißen Kaffee. Eine Schwester bringt ihm trockene Kleider.

„Jetzt ist wirklich Weihnachten“, strahlt der Mann.

Später, während der Eucharistiefeier, spricht der Priester über das Ereignis. „Überall wird Jesus geboren. Oft muss er sterben, weil niemand da ist, der hilft. Das Ehepaar war ganz allein. Es gibt in der Nachbargemeinde drei Autos und auch mehrere Pferdefuhrwerke. Aber die Armen wagen nicht einmal, deren Besitzer um Hilfe zu bitten. Wenn jeder nur an sich denkt, können wir nicht von Gemeinde reden. Wenn es nur Egoismus gibt, wäre es besser, wir würden kein Weihnachten feiern.“ Der Priester hat seine Predigt vergessen. Ganz andere Worte kommen aus seinem Herzen. Und da sie aus seinem Herzen kommen, dringen sie auch zu Herzen. Frauen schließen nachdenklich die Augen. Männer horchen auf. Kinder flüstern einander zu:

„Bei uns ist das Jesuskind geboren …“

Ehe der Priester bei den Schwestern das Weihnachtsessen einnimmt, geht er nochmals zur Krankenstation. Frau und Kind schlafen friedlich.

„Glück gehabt", sagt die Krankenschwester. „Sie werden leben."

Glück?

Für den Priester war es Vorsehung.

Noch am gleichen Abend kommt einer der Wohlhabenden ins Schwesternhaus. Er riecht ein wenig nach Schnaps, ist aber keineswegs betrunken.

„Na", stottert er, „das ist so, wir haben uns gedacht, das Jesuskind hier zu behalten. Ich meine, wir denken uns das so, na, der Mann kann bei mir arbeiten, und die Frau, na, das wird sich finden. Wie soll das Kind denn heißen?"

„Jesus Maria."

„Ein schöner Name, den gibt es bei uns noch nicht. Wirst du das Kind morgen taufen?"

„Nein." Der Priester wundert sich über sein hartes Nein. „Ich werde das Kind erst taufen, wenn hier eine Gemeinde entsteht, wenn ihr endlich begreift, dass Weihnachten mehr ist als eine schöne Fiesta, dass es nicht genügt, in den Gottesdienst zu gehen. Der Anfang wäre bereits gemacht", fügt er milder hinzu. „Aber ich möchte noch mehr Taten sehen. Durch Jesus Maria muss sich in dieser Gemeinde etwas ändern."

„Und wann wirst du das Kind taufen?"

„Wenn ich wiederkomme."

„Padre, du kommst so selten. Padre, das Kind könnte sterben …"

„Es wird nicht sterben, dieses Kind ist zum Leben geboren."

Mit welcher Sicherheit er das sagt, denken die Schwestern.

Am nächsten Tag fährt der Priester weiter. Als er sich von der Mutter verabschiedet, schreit Jesus Maria mit solch kräftiger Stimme, als hätte er sie sich von allen Chören der Engel geborgt. Mutter und Kind geht es glänzend. Nur der Vater hat einen Schnupfen, den er sich in der Kälte ohne Poncho zugezogen hat. Er ist stolz, dass ihm die Schwestern heißen Tee geben. Natürlich will er die angebotene Arbeit annehmen. Er ist voller Freude, dass sein Sohn gesund ist.

Frauen und Männer kommen zur Krankenstation. Auch Kinder. Alle wollen Jesus Maria sehen. Hirten, denken die Schwestern. Und es kommen nicht nur die Armen. Es kommen auch Wohlhabende.

Die Umkehr einer Gemeinde beginnt.

Jesus Maria gedeiht prächtig. Das Leben geht weiter, aber es ist ein wenig anders geworden. José singt, wenn er nach getaner Feldarbeit die Ochsenpaare ausspannt.Die Tiere brüllen erleichtert und schlagen den Weg zur Weide ein. Die Frauen zwirbeln Wolle auf Fadenspindeln. In allen Farben entstehen Mützen und Jäckchen für das neugeborene Kind.

„Es ist unser Jesuskind", sagen sie.

„Wenn der Padre kommt, soll er staunen." Sie bringen Milch und Brei. Jesus Maria wird kugelrund. „Das kann nie schaden", sagt seine Mutter. „Es kommen immer wieder Zeiten des Hungers. Nur die kräftigen Kinder können sie überstehen." Es finden sich plötzlich einige Frauen und Männer, die mit den Eltern des Kindes am Taufunterricht teilnehmen wollen. Ganz neue Dinge gehen ihnen dabei auf.

Es passieren auch andere Dinge. Bald sind einige bereit, mit Hilfe der Schwestern einen Gottesdienst zu halten. Don Cipriano schimpft nicht mehr, wenn die Arbeiter um ein wenig mehr Lebensmittel bitten. Damian gibt es auf, heimlich in der Nacht Schafe zu stehlen. Er schenkt José seinen verbeulten Binsenhut.

Vicenta arbeitet in der Küche der Hacienda. Sie bekommt Bohnen und Weizen für ihre Arbeit und freut sich darüber, dass sie sich einen Vorrat an geröstetem Mais zulegen kann.

Die Herrin, Dona Anna, lächelt, wenn sie Jesus Maria sieht. „Das Kind bringt uns Segen“, sagt sie, „die Ernte wird gut.“ Eines Tages heißt es: „Der Padre kommt!“

„Virgen Santisima“, rufen die Frauen. „Jetzt bekommen wir unsere Fiesta. Jesus Maria wird getauft.“ Die Kirche ist hell erleuchtet von den vielen Kerzen. Jesus Maria wird herausgeputzt. Nur noch das kugelrunde Gesicht ist unter den vielen bunten Wolljäckchen und der Mütze zu sehen.

Der Priester lacht schallend auf, als er das kugelrunde Kind sieht.

„Wir sind jetzt eine Gemeinde“, strahlt José. „Wir halten sogar selbst einen Wortgottesdienst.“ Die Menschen strömen in festlichen Kleidern zur Kirche. Die Jungfrau auf dem Altar in Atlas mit Glasperlenbesatz scheint zu lächeln, als der Priester den kugelrunden Jesus Maria tauft.

„Jetzt noch eine Prozession“, wünschen sich die Leute nach der Tauffeier. Vier Männer heben die Jungfrau auf eine kleine Bahre. Aufrecht und feierlich tragen die Paten Jesus Maria hinter der Jungfrau her. Rotgelbe und grüne

Röcke und ebenso bunte Ponchos geben der Prozession den notwendigen Glanz. Menschen lassen die Straße hinter sich und schlagen den Weg zum Rasen ein, vor dem Jesus Maria geboren wurde.

„Virgen Santisima“, murmeln die Leute, „segne uns und unsere Felder!“

Der Priester stellt voller Freude fest, dass die Leute aus ihrer Passivität erwacht sind.

Kurz vor der Kirche humpelt der alte Simon auf den Priester zu. „Meinst du, es ist noch Zeit?“, stottert er verlegen. „Du weißt schon, ich lebe seit zwanzig Jahren mit Jacinta zusammen. Sie wollte immer meine richtige Frau sein. Weiberwünsche, dachte ich. Aber Jacinta liegt mir nun ständig in den Ohren. Ohne richtige Ehe seien wir keine Christenmenschen, meint sie. Es sind da auch noch vier andere Paare, die richtig vor Gott Mann und Frau sein wollen.“

Und dann gab es eine prächtige Hochzeit mit Böllerschüssen. Als fünf frisch vermählte alte Paare aus der Kirche traten, brach Jubel aus. Simon spielte auf seiner Flöte und ermunterte zum Tanz. Die Röcke der Frauen flogen. Es gab Chica, gerösteten Mais und gebratene Meerschweinchen.

Nur das kugelrunde „Jesuskind“ verweigerte alle Nahrung. Die Leute hatten ihm schon zu viele gute Bissen in den Mund gesteckt.

„Schluss mit dem Mästen“, sagte der Priester. „Die Gemeinde muss wachsen, er aber will abnehmen.“ Waren das nicht Worte aus der Bibel?

Padre Alfonso verstand sich selbst nicht mehr. Aber Jesus Maria lachte.

Die Gans hiess immer Babette – Weihnachten in China

von Ingrid Noll

Meine Eltern hatten es gewiss nicht leicht, Jahr für Jahr ein Gewächs aufzutreiben, das eine gewisse Ähnlichkeit mit einer Tanne aufwies; im Allgemeinen wurde das Problem durch einen Lebensbaum gelöst. Wenn man im Ausland lebt, sollen die Traditionen der Heimat ja nach Möglichkeit erhalten bleiben. Andererseits feierten wir Kinder mit Begeisterung das chinesische Neujahrsfest, ließen die Knaller krachen und futterten mit unseren Dienstboten spiralförmige Krapfen und Sesamgebäck. Es war uns durchaus wichtig, welches Geschöpf des Tierkreiszeichens als nächstes an die Reihe kam. Meine Geschwister ärgerten mich oft, weil ich im Schweinejahr geboren wurde, erst als wir 1949 nach Deutschland kamen, erfuhr ich, dass hier das Sternbild der Waage für mich zuständig sein sollte.

Unser großes Haus in Nanking hatte nur einen einzigen Raum, den man im Winter beheizen konnte; dort hatten wir Schule bei unserer Mutter, dort wurde an kühlen Tagen gegessen, und hier thronte auch die kleine Weihnachtskonifere, auf einem über Eck gestellten Schreibtisch. Unter diesen Tisch pflegte ich mich zu verkriechen, um in Ruhe zu lesen und Betrachtungen über die dürftig geschmückte Rückseite des Baumes anzustellen. Nach und nach ließ ich alle Glanzstücke der Vorderseite – Sonne, Mond und Sterne – zu mir nach hinten wandern. Unsere Mutter besaß nostalgischen Christbaumschmuck, den sie wie ihren Augapfel hütete. Die bunten Kugeln waren zwar ausgegangen, dafür gab es aber gläserne Eiszapfen und viele Laubsägefigürchen: Teddys, Schlittschuhläufer, Nikoläuse, Rotkäppchen. Außerdem musizierende Engel sowie Lametta in Hülle und Fülle.

Die Geschenke waren in der Regel second hand und stammten von europäischen Familien, die ihre alten Spielsachen auf Basaren verkauften. Heimlich träumten wir zwar von Rollschuhen oder Blockflöten, lasen aber Bücher aus dem 19. Jahrhundert und spielten mit antiken Gliederpuppen und chinesischen Porzellanfiguren, die wir *Shirley Temple, Herr Wang, Heidi, Momotaro* und *Frenchtown* tauften.

Die Rezepte für die Weihnachtsbäckerei stammten von meiner Großmutter. Unser *Boy* brachte die Zutaten ins Winterzimmer, auf dem Esstisch wurde geknetet und gewalkt, gerollt, gestochen, glasiert und genascht. Für meine Schwestern und mich war es ein besonderes Vergnügen, wenn wir aus den Resten winzige Plätzchen für Shirley Temple, Momotaro & Co zubereiten durften. Bei der Arbeit trugen wir mehlige blaue Schürzen, die unser chinesischer Schneider liebevoll mit einer Osterhasenbordüre versehen hatte.

Das ewige Geschrei unserer Mama, alle acht Kinderpfoten seien zu schmutzig und die Unmengen des stibitzten Teiges hätten einen ganzen Korb voller Gebäck ergeben, habe ich später beim eigenen Nachwuchs übernommen. Wenn alle Kekse adrett auf dem Blech lagen, wurde dem Boy erneut geläutet. Er brachte den ganzen Segen in das Küchenhäuschen, wo der Koch für das eigentliche Backen die Verantwortung übernahm. Er hätte für immer sein Gesicht verloren, wenn die *Missi* ihn in seinem Reich kontrolliert hätte.

Fast jedes Jahr gab es am 25. Dezember eine gebratene Gans. Sie war uns immer persönlich bekannt, denn sie lebte zuvor im Garten und wurde gemästet. Die Weihnachtsgänse, die stets Babette hießen, waren aggressive, laut schnatternde Ganter. Wiederholt wurde ich in die Waden gebissen, und bis heute habe ich Angst, wenn so ein großer Vogel mit lang gestrecktem Hals auf mich zuspurtet. Bei den anderen Haustieren wäre mir ein Ende im Backofen fatal gewesen, aber bei den Babetten empfand ich reine Schadenfreude.

Den Sommer 1946 verbrachten wir in den Bergen, weil sich mein Vater von einer schweren Tropenkrankheit erholen musste. Auch ich sah wohl nach vielen Malariaschüben wie ein kleines Gespenst aus. Da uns die Höhenluft in Kuling so gut tat, beschlossen meine Eltern, auch den Winter dort zu verbringen. Zum ersten Mal im Leben staunten wir Kinder über die Exotik verschneiter Tannen. Rodeln ohne Schlitten? In der Nachbarschaft gab es verlassene Häuser, die mehr oder weniger dem Verfall preisgegeben waren. Dort entwendeten wir Klodeckel, auf denen man hervorragend die Hügel hinuntersausen konnte.

Weihnachten rückte heran, aber der Koffer mit dem Christbaumschmuck fehlte. Unser Bruder schnitzte Pilze aus Lindenholz, die ich rot anmalte. Wir Schwestern vergoldeten Nüsse, falteten Sterne und zerschnitten Papas Zigarettenpapier zu möglichst langen Silberstreifen. Unsere Mutter hatte einen Adventskalender gebastelt, für jedes Fenster dichtete unser Vater einen Knittelvers. Allerdings kam mitunter keine Heiterkeit auf, wenn er seine Kinder in gereimter Form ironisch aufs Korn nahm. Wahrscheinlich hielt man es auch für eine besonders clevere pädagogische Masche, wenn der Nikolaus in den aufgestellten Schuhen nicht nur Süßigkeiten, sondern auch Anzüglichkeiten in Form von Nagelbürsten, Lateinbüchern und Waschlappen hinterließ. Meine arme Schwester litt noch lange unter einem roten Kamm mit feinen Zinken.

Meine Sternstunde sollte am 23. Dezember kommen.

Wenn es nun endlich einmal Tannen satt gab, so sollte es diesmal kein Bonsai werden. Unser Bruder war schon sechzehn, und man betraute ihn mit der verantwortungsvollen Aufgabe, einen besonders ebenmäßigen Baum ausfindig zu machen, zu fällen und heim zu transportieren.

Nach vielen Stunden, in denen meine Eltern zu verzweifeln drohten, kehrte Lederstrumpf von seiner Expedition zurück. Er hatte sich lange nicht für den schönsten Baum entscheiden können, denn die Natur kennt keine Perfektion. Also kletterte er schließlich auf das größte Exemplar weit und breit und sägte die kerzengerade Krone ab.

Als der erschöpfte Holzfäller mit einer etwa sechs Meter hohen Tanne im Schlepptau durch hohen Schnee nach Haus gestapft kam, wurde er nach diesem Kraftakt auch noch gerüffelt, denn unser Christbaum musste immer wieder um ein Stück kürzer gemacht werden. In jeder Ecke stolperte man über harzig duftende Zweige, an allen Schuhen klebte Sägemehl. Aber letztlich tauchte die entscheidende Frage auf: Wie soll man den Kaventsmann bloß in die Vertikale zwingen? Stundenlang debattierten Vater und Bruder über statische Theorien, vergeblich experimentierten sie mit primitiven Gestellen aus gekreuzten Balken, Haken an der Decke oder Eimern voll Sand. Auf das elfjährige Mädchen, das stumm dabeistand und gaffte, achteten sie überhaupt nicht.

Vor wenigen Tagen hatten wir einen größeren Vorrat an sorgfältig gebündeltem Brennholz erhalten. Die senkrecht gestellten Scheite wurden durch Blechbänder zusammengehalten, so dass die standfeste Konstruktion wie eine überdimensionale Trommel aussah.

„Man könnte doch ein paar Holzstücke aus der Mitte herausziehen und unseren Christbaum in die Lücke stecken“, schlug ich vor. Vater und Bruder hielten mit ihrem Gemurkse inne und schauten mich sprachlos an. Schließlich meinte mein Papa: „Es könnte funktionieren“, und es stimmte.

Noch nie zuvor war ich so stolz über ein Lob meines Bruders wie damals. „Du bist gar nicht so blöd, wie du aussiehst“, sagte er.

Ooo Tannenbaum

von Osman Engin

Letztes Jahr war ich mit meiner Familie zu Weihnachten bei deutschen Bekannten eingeladen. Meinen Kindern hat die Weihnachtsfeier sehr gut gefallen. Der Tannenbaum, die Kerzen, die bunten Kugeln, die Strohsterne und die Zwerge mit der kleinen Holzhütte unter dem Baum. Als wir wieder zu Hause waren, bestanden die Kinder darauf, dass wir nächstes Jahr auch Weihnachten feiern. Ich dachte mir, dass die Kinder nichts Unmögliches verlangten. In gewissem Sinne würde ich damit meinen Teil zur Integration beisteuern, so wie es sich die deutschen Politiker doch wünschen. Außerdem wäre es was völlig Neues für mich.

In diesem Herbst bin ich fast aufgeregter als die Kinder, die ständig nach ihrem Tannenbaum fragen:

„Vater, kauf doch endlich einen Tannenbaum! Wenn du noch lange wartest, gibt es bald keine Tannenbäume mehr!"

„Macht euch keine Gedanken, Kinder, wir haben doch erst September. Notfalls hole ich einen Baum aus dem Wald."

„Osman, bis du dich endlich rührst, haben wir bestimmt Ostern!", meckert meine Frau.

Mit Stolz erzähle ich allen meinen Arbeitskollegen in Halle 4:

„Jungs, stellt euch vor, ich feiere dieses Jahr Weihnachten!"

„Echt, Osman, machst du das wirklich?"

„Ja, ja, ich werde sogar einen echten Tannenbaum kaufen."

Ich bin so aufgeregt, als würde ich keinen Tannenbaum, sondern einen Rolls-Roys-Transit kaufen.

Und schon haben wir den Salat ... ich meine Weihnachten. An Heiligabend bin ich total aus dem Häuschen und völlig durcheinander. Stellt euch vor, zum ersten Mal seit 48 Jahren (zuzüglich neun Monate Schwangerschaft) feiere ich Weihnachten.

Zahlreiche Freunde sind gekommen, um mitzuerleben, wie wir Weihnachten feiern. Alle stehen Hand in Hand um den Tannenbaum herum. Da es im Türkischen für den Anlass kaum passende Lieder gibt, singen wir gemeinsam auf Deutsch:

„Ooo Tannenbaum, ooo Tannenbaum, wie schön sind deine Blääätееееer!"

Mein Freund Mohammed flüstert mir ins Ohr:

„Osman, bist du wahnsinnig geworden? Weißt du denn nicht, dass die Christen den Tannenbaum aufstellen, damit Jesus kommt? Was willst du machen, wenn er wirklich kommt? Ich schwöre dir, dieser Jesus ist so mächtig, der macht selbst dich zu einem Christen!"

Bei Allah, das hatte ich nicht gewusst!

Auf einmal bekomme ich fürchterliche Angst und stottere:

„Nicht doch! Auf der ganzen Welt warten Millionen auf ihn, wieso sollte er ausgerechnet zu uns kommen?"

Mohammed lacht hämisch über meine kindliche Naivität:

„Osman, natürlich kommt er zu dir. Was soll er denn bei einem Christen? Er kommt extra zu dir, um aus einem Moslem noch einen Christen zu machen."

Ich weiß nicht, was ich machen soll?! Am liebsten würde ich den Tannenbaum sofort aus dem Fenster werfen. Aber das kann ich den Kindern nicht antun. Im Prinzip habe ich nichts gegen ein bisschen Integration, aber Christ will ich zurzeit nicht werden.

Mohammed spürt meine Furcht und hebt warnend den Zeigefinger:

„Osman, ich mische mich da nicht ein! Aber du hast Familie und Kinder, denk auch an sie!"

Daran denken tue ich schon. Aber den Tannenbaum wegschmeißen kann ich nicht, hier behalten auch nicht! Es ist so, als hätte ich einen Stock in der Hand, der an beiden Enden voll Mist ist ... Ich weiß nicht, wie ich es anpacken soll?

... Und mir wird in dieser Sekunde mit Schrecken klar, dass mich nichts mehr retten kann. Mir schwinden die Sinne, ich sehe einen Schatten aus der Zimmerecke hervortreten.

Bei Allah, Mohammed hat Recht: Jesus ist da!

Er sieht genauso aus wie auf den Bildern von Oma Fischkopf. Erstaunlich, er hat sich überhaupt nicht verändert: ein Langhaariger mit Bart, der sich in ein Bettlaken eingehüllt hat. Trotz der kalten Jahreszeit läuft er mit Sandalen herum. Außerdem schleppt er noch ein paar alte Dachbalken auf dem Rücken mit sich.

Die Situation ist für mich völlig neu: Ob Sie es glauben oder nicht, ich hatte wirklich noch nie Jesus zu Besuch. Die Türken gelten zwar als ausgesprochen gastfreundlich, aber ich weiß überhaupt nicht, wie ich mich einem solchen Gast wie Jesus gegenüber verhalten soll?! Ich kann ihm doch keinen Tee anbieten oder Kuchen. Döner schon gar nicht! Hat er denn heute nichts Besseres zu tun, als ausgerechnet mich zu besuchen?!

Mit zitternder Stimme sage ich zu ihm:

„Lieber Herr Jesus, ich freue mich über ihren Besuch. Aber ich möchte heute kein Christ werden. Morgen vielleicht."

Mein Gast hebt die Balken hoch und ruft:

„Das ist auch nicht nötig, mein Sohn Osi (woher weiß er meinen Spitznamen? Er ist wirklich ein Prophet!) Ich freue mich aber sehr, dass auch die Türken in Deutschland an meinem Geburtstag mitfeiern. Wir sind alle Gottes Kinder! Die Menschen sollten auch endlich lernen, ohne Kriege auszukommen!"

„Aber lieber Herr Jesus, an den vielen Kriegen bin ich wirklich nicht schuld!"

„Ich weiß, mein Sohn, ich weiß, aber ich will dich nicht länger mit meinen Sorgen behelligen. Kannst du mir bitte helfen, diese Balken durch das Treppenhaus hinunterzutragen? Dieser moderne soziale Wohnungsbau ist einfach nicht kreuzgerecht!"

Gerade will ich aufstehen, um meinem Gast zu helfen, da rüttelt jemand auch schon an meinen Schultern, und ich höre die Stimme meiner Frau:

„Osman, steh doch endlich auf, du Faulpelz! Der Wecker hat schon vor einer halben Stunde geklingelt! Du musst doch gleich zur Arbeit!"

Benommen richte ich mich auf und frage völlig verwirrt: „Eminanim, was ist los? Wo ist Mohammed, wo Jesus?"

„Also, mir sind bis jetzt weder Mohammed noch Jesus über den Weg gelaufen. Ich sah gerade nur, dass Moses die Weser zweigeteilt hat und nach drüben in die Neustadt gegangen ist, um einzukaufen!"

Quellenverzeichnis

Boije af Gennäs, Louise: Der Weihnachtsmann ist rothaarig. Aus dem Schwedischen von Annika Krummacher, aus: Aftonbladet, 24.12.2002 © bei der Autorin

Brecht, Bertolt: Das Paket des lieben Gottes, aus: ders., Gesammelte Werke, Band 5, © Suhrkamp Verlag, Frankfurt am Main 1967

Crescenzo, Luciano de: Weihnachten in Neapel, aus: ders., Also sprach Bellavista. Neapel, Liebe und Freiheit. Aus dem Italienischen von Linde Birk, (Auszug aus Kapitel V: Der Professor), Diogenes Verlag AG, Zürich 1986

Delibes, Miguel: Stimmungslose Weihnacht. Übersetzt von Theres Moser, aus: ders., La mortaja, 1970, © der dt. Übersetzung: Theres Moser

Engin, Osman: Ooo Tannenbaum, aus: ders., Getürkte Weihnacht, © Deutscher Taschenbuch Verlag, München 2006

Gorki, Maxim: Von einem Knaben und einem Mädchen, die nicht erfroren sind, aus: ders., Erzählungen. Erster Band. (a. d. Russ. v. Amalie Schwarz) © Aufbau Verlag GmbH & Co. KG, Berlin 1953 (diese Ausgabe erschien erstmals 1953 im Aufbau-Verlag; Aufbau ist eine Marke der Aufbau Verlag GmbH & Co. KG)

Gozzano, Guido: Eine Weihnacht auf Ceylon, aus: ders., Un Natala a Ceylon e altri racconti indiani, Garzanti Libri, Mailand 1984

Kremer, Eva-Maria: Das kugelrunde Jesuskind, aus: Vorlesebuch Ökumene, Kaufmann/Butzon & Bercker, Lahr/Kevelaer 1991, © bei der Autorin

Lenz, Siegfried: Fröhliche Weihnachten oder das Wunder von Striegeldorf, Copyright © 1957 by Siegried Lenz

Meibohm, Anatol de: Die Glocken von Athos, aus: Christ ist erschienen, Deutsch von Gerda Onken-Joswich, Agentur des Rauhen Hauses, Hamburg 1966

Noll, Ingrid: Die Gans hieß immer Babette – Weihnachten in China, aus: dies., Falsche Zungen, Copyright © 2004 Diogenes Verlag AG Zürich

Sagan, Francoise: Ein flandrischer Hirtenhund, aus: Wolfgang Erk, Weihnachtsveranstaltungen, J. F. Steinkopf Verlag, Stuttgart 1976

Sedaris, David: Der Kleinstadt-Großkritiker, aus: ders., Holidays on Ice. Aus dem Amerikanischen von Harry Rowohlt, © der Übersetzung: Harry Rowohlt

Spark, Muriel: Der Seraph und der Sambesi, aus: dies., Meistererzählungen. Aus dem Englischen von Peter Naujack, Elisabeth Schnack, Copyright © 1996 Diogenes Verlag AG Zürich

Walpole, Hugh: Der Zauberkünstler, aus: ders., „Head in Green Bronze and other Stories", Macmillan, London 1938

Weidenheim, Johannes: Kinderweihnacht in Jugoslawien, aus: Evangelische Weihnacht, Weihnachtsglaube und Weihnachtssitte in aller Welt, Furche-Verlag, Hamburg 1956

Weihnachtslied aus Afrika, aus: Krippendarstellungen aus aller Welt, Echter-Verlag, Würzburg 1988 © beim Autor

Wir danken allen Rechteinhabern, die für diesen Band Abdruckgenehmigungen erteilten. Wo Rechteinhaber nicht ausfindig gemacht werden konnten, bleiben Honoraransprüche bestehen.